Nujeen

Nujeen Mustafa
y Christina Lamb, coautora de *Yo soy Malala*

Nujeen

El increíble éxodo en silla de ruedas desde
las arrasadas tierras sirias hasta Alemania

HarperCollins *Español*

© 2016 por HarperCollins Español
Publicado por HarperCollins Español® en Nashville, Tennessee, Estados Unidos de América.
HarperCollins Español es una marca registrada de HarperCollins Christian Publishing, Inc.

Título en inglés: *Nujeen: One Girl's Incredible Journey from Syria in a Wheelchair*
© 2016 por Christina Lamb y Nujeen Mustafa
Publicado por Williams Collins, un sello de HarperCollins *Publishers*.

Todas las fotos en este libro pertenecen a la colección de la familia Mustafa, a menos que se indique lo contrario.

Mapa por Martin Brown.

Editora en Jefe: *Graciela Lelli*

ISBN: 978-0-71808-964-1

Impreso en Estados Unidos de América

16 17 18 19 20 DCI 6 5 4 3 2 1

¡Veo la Tierra! Qué bonita es.

Yuri Gagarin, primer hombre
en salir al espacio, 1961

BERLÍN

VARSOVIA

Essen **Dortmund**
Colonia
ALEMANIA

POLONIA

Wesseling

LUX.

FRANCIA

REPÚBLICA
CHECA

Núremberg
Neumarkt

ESLOVAQUIA

MÚNICH

puente del río Saalach

VIENA

Rosenheim **Salzburgo**

SUIZA

AUSTRIA

Graz

HUNGRÍA

BUDAPEST

recuadro superior

Röszke

RUMA

ESLOVENIA

Horgos

Ápatin

Belgrado

CROACIA

BOSNIA
HERZEGOVINA

SERBIA

SOFÍA

MONTENEGRO

BULG

Miratovac

ITALIA

Lojane

MACEDONIA

ALBANIA

Gevgelija
Evzoni

Córcega

ROMA

Tesalóni

Cerdeña

GRECIA

Atenas

Sicilia

MAR
MEDITERRÁNEO

Cre

APATIN ○ Escalas del itinerario de Nujeen

| 0 | 100 | 200 | 300 millas |
| 0 | | | 500km |

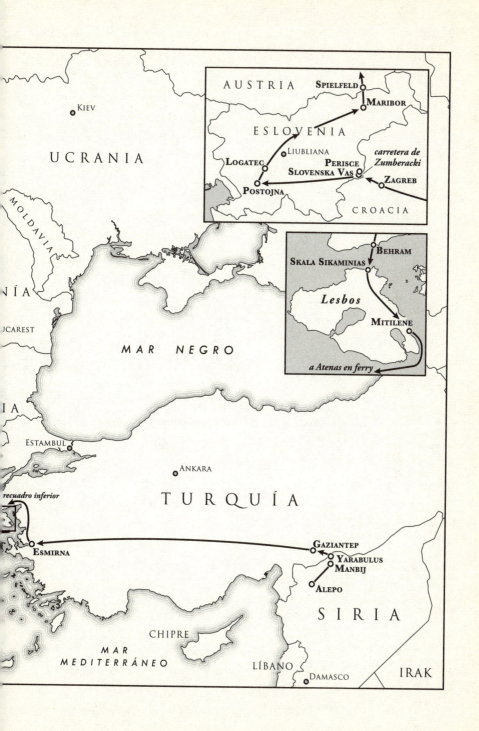

ÍNDICE

TERCERA PARTE: Una vida normal

NUJEEN

PRÓLOGO

La travesía

Behram, Turquía, 2 de septiembre de 2015

Desde la playa veíamos la isla de Lesbos… y Europa. El mar se extendía por ambos lados hasta donde alcanzaba la vista y no era tumultuoso, sino tranquilo, moteado por una levísima espuma blanca que parecía bailar sobre las olas. La isla, que se elevaba sobre el mar como una hogaza de pan rocoso, no se veía muy lejana. Pero las lanchas neumáticas grises eran pequeñas y se hundían en el agua, cargadas con tantas vidas como los traficantes habían logrado apretujar en ellas.

Era la primera vez que yo veía el mar. La primera vez que hacía todas aquellas cosas: viajar en avión, en tren, separarme de mis padres, alojarme en un hotel y ahora ¡ir en barco! Allá en Alepo casi nunca salía de nuestro apartamento en un quinto piso.

Habíamos oído contar a los que nos habían precedido que, en un buen día de verano como aquel, una lancha a motor tarda poco más de una hora en cruzar el estrecho. Era uno de los puntos más próximos entre Turquía y Grecia: apenas doce kilómetros. El problema era que los motores de las barcas a menudo eran baratos y viejos, y les faltaba potencia para cargar con cincuenta o sesenta personas, así que la travesía podía durar tres o cuatro horas. En las noches lluviosas, cuando las olas alcanzan los tres metros de alto y zarandean las barcas como si fueran de juguete, a veces no llegaban, y el viaje hacia la esperanza concluía en una tumba acuática.

La playa no era de arena como yo había imaginado, sino de piedras: inviable para mi silla de ruedas. Supimos que estábamos en el lugar adecuado por una caja de cartón rajada que llevaba impresa la leyenda *Lancha de goma inflable. Made in China (capacidad máxima, 15 personas)*, y por el rastro de desechos que había junto a la orilla, como pecios dejados allí por los refugiados. Había cepillos de dientes, pañales y envoltorios de galletas, mochilas abandonadas y una estela de prendas de ropa y zapatos. Vaqueros y camisetas tirados porque no había sitio en la barca y los traficantes te obligaban a viajar ligero de equipaje. Un par de sandalias de tacón alto grises, con esponjosos pompones negros en la parte de atrás: algo absurdo para llevar en aquel viaje. Un zapatito de niña rosa decorado con una flor de plástico. Unas deportivas de niño con luces en las suelas. Y un gran oso de peluche gris al que le faltaba un ojo y del que a alguien le habría costado mucho separarse. Todas esas cosas convertían aquel bello lugar en un basurero, y eso me entristeció.

Habíamos pasado toda la noche en los olivares, después de que el minibús de los traficantes nos dejara en la carretera del acantilado. Desde allí tuvimos que bajar a pie por una cuesta hasta la orilla, más o menos a un kilómetro y medio de camino. Puede que no parezca mucha distancia, pero es un trecho muy largo para hacerlo en una silla de ruedas, por un sendero pedregoso, teniendo solo a tu hermana para empujar y con el feroz sol de Grecia cayendo a plomo y el sudor metiéndosete en los ojos. Había una carretera que bajaba zigzagueando por la pendiente, mucho más fácil de recorrer, pero no podíamos tomarla porque la policía turca podía vernos y mandarnos a un centro de detención, o incluso enviarnos de vuelta a casa.

Yo iba con dos de mis tres hermanas: Nahda, que tenía que

ocuparse de su bebé y de tres niñas pequeñas, y Nasrine, mi hermana más próxima, la que siempre me cuida y es tan bella como su nombre, el de una flor blanca que solo crece en los montes del Kurdistán. También iban con nosotras unos primos a cuyos padres –mi tío y mi tía– habían matado a tiros los francotiradores del Daesh, el Estado Islámico, cuando en junio fueron a un entierro en Kobane, un día en el que prefiero no pensar.

El camino estaba lleno de baches y mi hermana tiraba de mí hacia atrás, lo que era un fastidio porque solo de vez en cuando conseguía ver el mar, de un azul chispeante. El azul es mi color preferido porque es el color del planeta de Dios. Estábamos todos acalorados y de mal humor. La silla era demasiado grande para mí, y me agarraba tan fuerte a sus lados que me dolían los brazos y el trasero de tanto zarandeo, pero no dije nada.

Como había hecho en cada sitio por el que habíamos pasado, les fui contando los datos que había reunido antes de nuestra partida. Me emocionaba pensar que en lo alto del cerro que se erguía sobre nosotros se hallaba la antigua población de Aso, que tenía un templo en ruinas dedicado a la diosa Atenea y en la que, sobre todo, había vivido Aristóteles. Allí fundó una escuela de filosofía con vistas al mar para poder observar las mareas y refutar la teoría de su antiguo maestro Platón según la cual estas eran turbulencias causadas por los ríos. Luego atacaron los persas y los filósofos tuvieron que huir de la ciudad, y Aristóteles recaló en Macedonia como preceptor del joven Alejandro Magno. El apóstol san Pablo también pasó por Aso en su viaje a Lesbos desde Siria. Pero, como siempre, mis hermanas no parecían muy interesadas.

Dejé de intentar informarlas y me dediqué a contemplar a las gaviotas, que se divertían dejándose llevar por las corrientes térmicas y haciendo estrepitosos tirabuzones en lo alto de un cielo azulísimo, sin detenerse ni una sola vez. ¡Cuánto deseaba poder volar! Ni siquiera los astronautas tienen tanta libertad.

Nasrine miraba constantemente el teléfono Samsung que nos

había comprado nuestro hermano Mustafa antes de emprender el viaje, para asegurarse de que seguíamos las coordenadas de Google Maps que nos había dado el contrabandista. Pero cuando por fin llegamos a la orilla resultó que no estábamos donde debíamos. Cada traficante tiene su «punto» –llevábamos tiras de tela de colores atadas a la muñeca para identificarnos– y aquel no era el nuestro.

El lugar acordado no estaba muy lejos siguiendo la costa, pero cuando llegamos al final de la playa vimos que en medio había un acantilado cortado a pico. Solo podía sortearse a nado, y eso, obviamente, era imposible en nuestro caso. Así que tuvimos que subir y bajar otro cerro escarpado hasta llegar al punto exacto de la costa. Aquellos cerros eran un infierno. Si resbalabas y caías al mar, podías darte por muerto. Había tantas rocas que no podían empujarme ni remolcarme: tenían que llevarme en andas. Mis primos se burlaban de mí: «¡Eres la reina, la reina Nujeen!».

Cuando llegamos a la playa acordada se estaba poniendo el sol: una explosión de rosa y violeta, como si una de mis sobrinitas estuviera pintarrajeando el cielo con ceras de colores. De lo alto de los montes me llegaba el suave tintineo de los cencerros de las cabras.

Pasamos la noche en el olivar. Después de ponerse el sol la temperatura cayó bruscamente y, aunque Nasrine extendió a mi alrededor toda la ropa que llevábamos, el suelo era muy duro y había muchas piedras. Yo, sin embargo –nunca había pasado tanto tiempo a la intemperie–, estaba tan agotada que dormí de un tirón casi toda la noche. No podíamos hacer fuego porque podía atraer a la policía. Algunas personas intentaron taparse con las cajas de cartón de las lanchas. Parecía una de esas películas en las que un grupo de gente va de acampada y pasa algo espantoso.

Desayunamos terrones de azúcar y Nutella, lo que puede parecer muy emocionante pero resulta asqueroso cuando no tienes otra cosa que comer. Los traficantes nos habían asegurado que saldríamos a primera hora de la mañana, y al alba estábamos todos listos en la playa, con nuestros chalecos salvavidas. Llevábamos los teléfonos metidos dentro de globos para protegerlos durante la travesía, un truco que nos habían enseñado en Esmirna.

Había otros grupos esperando. Habíamos pagado mil quinientos dólares cada uno en vez de los mil habituales para tener una lancha solo para nuestra familia, pero daba la impresión de que iban a embarcar también otras personas. Seríamos treinta y ocho en total: veintisiete adultos y once niños. Ahora que estábamos allí ya no podíamos hacer nada: no podíamos volver y la gente decía que los traficantes empleaban cuchillos y picas para ganado contra quienes cambiaban de idea.

El cielo estaba despejado y, al verlo de cerca, me di cuenta de que el mar no era de un solo color, de aquel azul uniforme de las fotografías y de mis ensoñaciones, sino de un tono turquesa brillante junto a la orilla y, más allá, de un azul profundo que se iba oscureciendo hasta volverse gris e índigo junto a la isla.

Yo solo conocía el mar por los documentales del National Geographic y ahora tenía la sensación de estar viviendo uno en propia carne. Estaba muy emocionada y no entendía por qué los demás estaban tan nerviosos. Para mí aquello era la mayor de las aventuras.

Otros niños corrían por la playa recogiendo guijarros de distintos colores. Un niño afgano muy pequeño me dio uno con forma de paloma, plano y gris, con una veta de mármol blanco que lo atravesaba. Estaba fresco al tacto y desgastado por el mar. No siempre me resulta fácil sujetar las cosas porque tengo los dedos muy torpes, pero aquello no pensaba soltarlo.

Había gente de Siria, como nosotros, pero también de Irak, de Marruecos y de Afganistán, que hablaba un idioma que no entendíamos. Algunos se contaban sus historias, pero la mayoría apenas hablaba. No hacía falta: muy mal tienen que estar las cosas si abandonas todo lo que conoces y lo que has construido en tu país para emprender un viaje tan incierto y peligroso.

Al romper el alba vimos salir los primeros botes. Dos zarparon más o menos en línea recta, pero otros dos daban tumbos de un lado a otro. Las lanchas no tenían piloto: los traficantes dejaban que uno de los refugiados viajara a mitad de precio o gratis si pilotaba la embarcación, aunque no tuviera ninguna experiencia. «Es como conducir una moto», decían. Mi tío Ahmed iba a pilotar la nuestra. Deduje que era la primera vez que manejaba una barca dado que no habíamos ido nunca al mar y antes regentaba una tienda de móviles, pero nos aseguró que sabía hacerlo.

Habíamos oído que algunos refugiados aceleran al máximo para llegar a aguas griegas, a mitad de la travesía, lo antes posible, y que así queman el motor. A veces los motores no tienen suficiente gasolina. Si eso ocurre, la guardia costera turca puede apresarte y llevarte de vuelta. En el café Sinbad, en Esmirna, habíamos conocido a una familia de Alepo que había intentado cruzar seis veces. Nosotros no teníamos dinero para intentarlo otra vez.

A eso de las nueve de la mañana el tío Ahmed llamó al traficante, que le dijo que teníamos que esperar a que se fuera la guardia costera. «Nos hemos equivocado de traficante», dijo Nasrine. A mí me preocupaba que hubieran vuelto a engañarnos.

Se suponía que no íbamos a estar tanto tiempo allí, y pronto tuvimos hambre y sed, lo cual resultaba irónico teniendo en cuenta la cantidad de agua que había ante nosotros. Mis primos fueron a buscar agua para mí y los niños, pero no había ni gota por allí cerca.

Empezó a apretar el calor. Aunque había llegado el traficante con barcas para nosotros y para los otros grupos, dijo que no podíamos zarpar hasta que cambiara el turno de los guardacostas. Los hombres marroquíes, medio desnudos, se pusieron a cantar. Al llegar la tarde, las olas se fueron haciendo cada vez más altas y restallaban al romper en la orilla. Nadie quería zarpar de noche porque nos habían contado que había piratas que abordaban las lanchas montados en motos acuáticas y robaban los motores y los objetos de valor de los refugiados.

Por fin, en torno a las cinco de la tarde nos avisaron de que los guardacostas estaban cambiando de turno y podíamos aprovechar aquel momento para zarpar. Yo miré de nuevo el mar. Estaba cayendo la niebla y el chillido de las gaviotas ya no me parecía tan alegre. Un sombra oscura caía sobre la isla rocosa. Había quien llamaba a aquella travesía *rihlat al moot*, «la ruta hacia la muerte». Una de dos: o nos llevaba a Europa o se nos tragaba. Tuve miedo por primera vez.

En casa solía ver una serie llamada *Brain Games*, en el canal National Geographic, que mostraba cómo controla el cerebro sentimientos como el miedo o la angustia, así que probé a respirar hondo y empecé a repetirme una y otra vez que yo era fuerte.

PRIMERA PARTE

PERDER UN PAÍS

Siria, 1999-2014

Antes que números, estas personas son ante todo y en primer lugar seres humanos.

Papa Francisco, Lesbos, 16 de abril de 2016

1

Extranjeros en nuestra tierra

Yo no colecciono sellos, ni monedas, ni cromos de fútbol: colecciono datos. Me gustan, por encima de todo, los datos sobre el espacio y la física, y especialmente sobre la teoría de cuerdas. Y también sobre la historia y las dinastías como la de los Romanov. Y sobre personajes polémicos como Howard Hughes o J. Edgar Hoover.

Mi hermano Mustafa dice que solo tengo que oír algo una vez para recordarlo con exactitud. Puedo enumerar la lista completa de los Romanov desde el primero, el zar Mijail, hasta Nicolás II, que fue ejecutado por los bolcheviques junto a toda su familia, incluida su hija menor, Anastasia. Puedo decirte exactamente qué día accedió al trono la reina Isabel II de Inglaterra –el del fallecimiento de su padre y el de su coronación– y las fechas de sus dos cumpleaños, el verdadero y el oficial. Algún día me gustaría conocerla y preguntarle qué se siente al ser la tataranieta de la reina Victoria y si no es raro que todo el mundo cante un himno en el que se pide tu salvación.

También puedo decirte que el único animal que no emite sonidos es la jirafa porque no tiene cuerdas vocales. Antes era uno de mis datos favoritos, hasta que la gente empezó a llamar «la Jirafa» a Bachar el Asad, el dictador sirio, porque tiene el cuello muy largo.

He aquí un dato que creo que no puede gustarle a nadie: ¿sabías que actualmente una de cada ciento trece personas es un refugiado o un desplazado que ha tenido que abandonar su hogar?

Muchos de ellos intentan escapar de guerras como la que ha arrasado Siria, nuestro país, o las de Irak, Afganistán y Libia. Otros huyen de grupos terroristas, como en Pakistán o Somalia, o de la persecución de regímenes integristas, como sucede en Egipto o Irán. Y también están los que huyen de la dictadura de Gambia, o del servicio militar forzoso en Eritrea, o del hambre y la pobreza en países africanos que nunca he visto en un mapa.

Los periodistas de la tele dicen continuamente que el desplazamiento de personas de Oriente Medio, el Norte de África y Asia Central hacia Europa constituye la mayor crisis de refugiados desde la Segunda Guerra Mundial. En 2015, llegaron más de 1 200 000 a Europa. Yo estaba entre ellos.

Odio la palabra «refugiado» más que cualquier otra. En alemán se dice *Flüchtling*, y suena igual de dura. Lo que de verdad quiere decir es «ciudadano de segunda con un número pintado en la mano o impreso en una pulsera y que todo el mundo desea que se vaya a otra parte».

2015 fue el año en que me convertí en un dato, en una estadística, en un número. Y aunque a mí me gusten mucho los datos, no somos números: somos seres humanos y todos tenemos nuestra historia. Esta es la mía.

Me llamo Nujeen, que significa «nueva vida», y creo que podría decirse que mi nacimiento fue inesperado. Mis padres ya tenían cuatro hijos y cuatro hijas y cuando llegué yo, el día de Año Nuevo de 1999, veintiséis años después que mi hermano mayor,

Shiar, algunos de mis hermanos ya estaban casados y la pequeña, Nasrine, tenía nueve años, así que todo el mundo pensaba que la familia ya estaba completa.

Mi madre estuvo a punto de morir en el parto y después se encontraba tan débil que fue mi hermana mayor, Jamila, quien de verdad me cuidó. Siempre he pensado en ella como en mi segunda madre. Al principio, la familia se alegró de que hubiera un bebé en la casa, pero yo no paraba de llorar. Lo único que me calmaba era poner a mi lado un radiocasete con la música de *Zorba el griego*, pero aquello les atacaba los nervios tanto como mis lloreras.

Vivíamos en Manbij, una población polvorienta, árida y desangelada del norte de Siria, no muy lejos de la frontera con Turquía y a unos treinta kilómetros al oeste del río Éufrates y de la presa de Tishrin, que nos proporcionaba electricidad.

Mi primer recuerdo es el largo vuelo del vestido de mi madre: un caftán ligero, de colores, que le llegaba hasta los tobillos. Tenía también el cabello largo y la llamábamos *ayee*, y a mi padre *yaba*, que no son palabras árabes. Lo primero que hay que saber sobre mí es que soy kurda.

Éramos una de las cinco familias kurdas en una calle de mayoría árabe. En realidad eran beduinos, pero nos miraban por encima del hombro por ser kurdos y llamaban a nuestra zona la Colina de los Extranjeros. Teníamos que hablar su lengua en el colegio y en las tiendas, y el kurmanji, nuestro idioma, solo podíamos hablarlo en casa. Esto resultaba muy duro para mis padres, que no hablaban árabe y eran analfabetos. Y también para mi hermano mayor, Shiar, del que los otros niños se burlaban en el colegio porque no hablaba árabe.

Manbij es un sitio muy provinciano y estricto en cuestión de religión, así que mis hermanos estaban obligados a ir a la mezquita y, si *ayee* quería comprar en el mercado, tenía que acompañarla mi padre o uno de mis hermanos. Nosotros somos musulmanes, pero no tan estrictos. En el instituto, mis hermanas y primas eran las únicas chicas que no se cubrían la cabeza.

Nuestra familia había tenido que abandonar sus tierras en una aldea kurda al sur de Kobane por culpa de una rencilla con una aldea vecina. Los kurdos somos un pueblo tribal y mi familia procede de la gran tribu a la que da nombre Kori Beg, el famoso líder de la resistencia kurda, con el que casi se diría que estamos emparentados todos los kurdos. Los de la aldea de al lado también eran kori beg, pero de otro clan. Lo que pasó con ellos ocurrió mucho antes de que yo naciera, pero era una historia que conocíamos todos. Las dos aldeas tenían ovejas y un día unos niños pastores de la otra aldea trajeron su rebaño a pastar en nuestros campos y se pelearon con nuestros pastores, que también eran niños. Poco después unos parientes nuestros fueron a un entierro a la otra aldea y por el camino les dispararon dos hombres de allí. Los de nuestra tribu abrieron fuego y mataron a uno. Ellos juraron vengarse y nosotros tuvimos que huir. Así fue como acabamos en Manbij.

La gente no sabe mucho sobre los kurdos. A veces tengo la impresión de que el resto del mundo no sabe absolutamente nada sobre nosotros. Somos un pueblo orgulloso, con su idioma, su cultura y su cocina propias, y una larga historia que se remonta a dos mil años atrás, cuando se nos menciona por primera vez con el nombre de «kurti». Aunque somos unos treinta millones, nunca hemos tenido nuestro propio país: de hecho, somos la tribu sin estado más grande del mundo.

Confiábamos en conseguir por fin una patria propia cuando los británicos y los franceses se repartieron el derrotado Imperio Otomano tras la Primera Guerra Mundial, igual que los árabes confiaban en obtener la independencia, como les prometieron tras la Rebelión Árabe de 1916. Las potencias aliadas llegaron a firmar en 1920 el Tratado de Sèvres, un acuerdo que reconocía un Kurdistán autónomo.

Pero el nuevo gobernante turco Kemal Atatürk se negó a aceptarlo y poco después se descubrió petróleo en Mosul, que teóricamente habría formado parte del Kurdistán, y el tratado no llegó a ratificarse. De hecho, los diplomáticos Mark Sykes y Georges Picot —uno británico, el otro francés— ya habían firmado un pacto secreto para repartirse Oriente Próximo y, dibujando una fatídica línea en la arena —desde Kirkuk, en Irak, hasta Haifa, en Israel—, crearon los modernos estados de Irak, Siria y Líbano. De ese modo, los árabes quedaron sometidos al gobierno colonial, entre fronteras que poco tenían que ver con sus realidades tribales y étnicas, y los kurdos quedamos divididos entre cuatro países, ninguno de los cuales nos quería.

Hoy en día, la mitad de los kurdos viven en Turquía, algunos en Irak, otros en Irán y unos dos millones en Siria, donde somos la minoría más numerosa, en torno a un quince por ciento de la población. Aunque nuestros dialectos son distintos, yo siempre puedo distinguir a un kurdo, sea de donde sea. Primero por la lengua y luego por su aspecto físico. Algunos vivimos en ciudades como Estambul, Teherán y Alepo, pero la mayoría vive en las montañas y estepas donde confluyen Turquía, Siria, Irak e Irán.

Estamos rodeados de enemigos, así que debemos mantenernos fuertes. Ahmad-i Khani, el Shakespeare kurdo, escribió en el siglo XVII que somos como «torres en cuatro esquinas rodeando a turcos y persas», y que «ambos bandos han convertido al pueblo kurdo en blanco de las flechas del destino».

Yaba cree que algún día habrá un Kurdistán, quizá cuando yo sea mayor. «Quien tiene historia tiene futuro», dice siempre.

Lo curioso es que muchos de los héroes «árabes» más famosos son en realidad kurdos y nadie lo admite. Como Saladino, que luchó contra los cruzados y expulsó a los europeos de Jerusalén, o Yusuf al Azma, que en 1920 comandó las fuerzas sirias que luchaban contra la ocupación francesa y murió en combate. Hay una pintura enorme de Saladino y sus ejércitos árabes en el salón de banquetes del palacio de El Asad, y un montón de plazas y estatuas dedicadas a Yusuf al Azma, pero nadie dice que eran kurdos. Al contrario, el régimen sirio nos considera *ajanib*, «extranjeros», aunque vivimos aquí desde antes de las Cruzadas. Muchos kurdos de

Siria no tienen carné de identidad, y sin esas tarjetas naranjas no puedes comprar propiedades, trabajar en la administración pública, votar en las elecciones o mandar a tus hijos al instituto.

Diría que Turquía es el peor sitio para ser kurdo. Atatürk lanzó una campaña conocida como «turquificación», y el estado turco ni siquiera reconoce a los kurdos como pueblo. ¡Los llaman «turcos montañeses»! Nuestra familia vive a ambos lados de la frontera y una de mis tías, que vivía en Turquía, nos contó que ni siquiera había podido ponerle a su hijo un nombre kurdo y que había tenido que llamarle Orhan, que es un nombre turco. Nasrine fue a visitarla una vez y nos contó que no hablan kurdo y que apagaban la radio cuando ella ponía música kurda.

He aquí otro dato sobre los kurdos: tenemos nuestro propio alfabeto, pero Turquía no lo reconoce y, hasta no hace mucho, si utilizabas las letras Q, W y X, que no existen en lengua turca, podían detenerte. ¡Imagínate! ¡Ir a la cárcel por una consonante!

Tenemos un dicho, «los kurdos no tienen amigos más que en las montañas». Nos encantan las montañas y creemos que descendemos de los niños que se escondieron en las serranías para escapar de Zuhak, un gigante malvado al que le crecían dos serpientes en los hombros a las que había que alimentar con los sesos de un niño cada día. Finalmente, un herrero avispado llamado Kawa, harto de perder a sus hijos, empezó a dar de comer sesos de oveja a las serpientes y a ocultar a los niños, hasta que tuvo todo un ejército de ellos para matar al gigante.

Los kurdos, cuando nos reunimos, siempre contamos historias. La más famosa es la de Mem y Zin, una especie de *Romeo y Julieta* a la kurda. Trata sobre una isla gobernada por un príncipe que tenía dos hermanas muy bellas a las que mantenía encerradas. Una de ellas se llamaba Zin. Un día, Zin y su hermana se escaparon para acudir a una fiesta disfrazadas de hombres y conocieron a dos guapos espadachines, uno de los cuales era Mem. Las hermanas y los espadachines se enamoraron y ocurrieron montones de cosas, pero lo principal es que Mem fue encarcelado y asesinado, y Zin murió de pena junto a la tumba de su enamorado. Incluso después de muertos brotó un espino que los mantenía separados. La leyenda comienza diciendo «Si hubiera armonía entre nosotros, si obedeciéramos a uno solo de los nuestros, someteríamos a vasallaje a los árabes turcos y a los persas, a todos por igual», y hay muchos kurdos que dicen que simboliza nuestra lucha por tener una patria. Mem representa al pueblo kurdo y Zin al país de los kurdos, separados por un destino cruel. Algunas personas creen que la historia es verdadera y que hasta hay una tumba que puede visitarse.

Yo crecí oyendo esta historia, pero la verdad es que no me gusta: es muy larga y no creo que sea nada realista. Prefiero *La Bella y la Bestia* porque se basa en algo bueno: en amar a alguien por cómo es por dentro, por su personalidad, no por su físico.

Antes de hacerse viejo y dejar de trabajar y pasarse todo el día fumando y refunfuñando porque sus hijos no iban a la mezquita, mi padre, *yaba*, era tratante de ovejas y cabras. Tenía unas veinticinco hectáreas de terreno en las que guardaba el ganado, como su padre antes que él, y así hasta mi séptimo abuelo, que comerciaba con camellos y ovejas.

Mis hermanos mayores cuentan que, cuando empezó, mi padre compraba una sola cabra a la semana en el mercado de los sábados, y que a la semana siguiente la vendía en otro sitio con un pequeño beneficio, hasta que con el tiempo tuvo un rebaño de unas doscientas cabras. Imagino que no se ganaba mucho dinero vendiendo ovejas porque nuestra casa solo tenía dos habitaciones y un patio con una cocinita, así que estábamos todos apretujados. Pero como mi hermano mayor, Shiar, mandaba dinero, construimos otra habitación en la que *ayee* tenía su máquina de coser, con la que yo jugaba cuando nadie me veía. Dormía allí con mi madre, a no ser que tuviéramos invitados.

Shiar vive en Alemania y es director de cine. Hizo una película titulada *Walking* acerca de un viejo loco que camina mucho, en una aldea kurda del sur de Turquía. El viejo se hace amigo de un niño pobre que vende chicle, y entonces el ejército ocupa la zona en la que viven. La película causó mucho revuelo en Turquía porque el viejo kurdo abofetea a un oficial del ejército turco y hubo gente que protestó porque aquello se viera en pantalla, ¡como si fueran incapaces de distinguir entre una película y el mundo real!

Yo no conocía a Shiar, porque se marchó de Siria en 1990, a los diecisiete años, mucho antes de que yo naciera, para evitar que lo llamaran a filas y lo mandaran a luchar a Irak, a la Guerra del Golfo, porque en aquel entonces todavía éramos aliados de los americanos. Siria no nos quería para ir a la universidad o trabajar en la administración pública, pero sí para combatir en su ejército y formar parte del partido Baaz. Se suponía que todos los estudiantes tenían que ingresar en él, pero Shiar se negó y logró escaparse cuando los escoltaban a otro chico y a él a la sede del partido para registrarse. Soñaba desde siempre con ser director de cine, lo que es muy raro porque cuando él era pequeño ni siquiera teníamos tele en nuestra casa de Manbij. Solo había una radio, porque las personas religiosas rechazaban la televisión. A los doce años hizo un programa de radio con unos compañeros de clase, y cada vez que tenía ocasión se escabullía para ir a ver la tele a casa de algún vecino. Mi familia se las arregló de algún modo para conseguir los cuatro mil quinientos dólares que costaba un pasaporte iraquí falso en Damasco, y Shiar se marchó a estudiar a Moscú. No pasó mucho tiempo en Rusia: se fue a Holanda, donde obtuvo el derecho de asilo. No hay muchos cineastas kurdos, así que es famoso dentro de nuestra comunidad, pero se suponía que no debíamos mencionar su nombre porque al régimen no le gustan sus películas.

En nuestro árbol genealógico solo aparecen hombres, pero Shiar no aparecía por si acaso alguien nos relacionaba con él y eso nos traía problemas. Yo no entendía por qué no podían aparecer las mujeres. *Ayee* era analfabeta. Se casó con mi padre a los trece años, o sea que a mi edad ya llevaba cuatro años casada y tenía un hijo. Pero nos hacía toda la ropa, es capaz de señalar en un mapa cualquier país del mundo y siempre sabe encontrar el camino de vuelta, esté donde esté. Además se le da muy bien sumar, así que siempre sabía si los comerciantes del bazar la estaban engañando. A toda la familia se le dan bien las matemáticas, menos a mí. Mi abuelo materno aprendió a leer en la cárcel cuando lo detuvieron los franceses por tener una pistola y compartió celda con un hombre cultivado. Por eso *ayee* quería que estudiáramos. Jamila, la mayor, dejó el colegio a los doce años porque en nuestra tribu se da por sentado que las niñas no deben estudiar, sino quedarse en casa y dedicarse a las tareas domésticas. Pero, después de ella, mis otras hermanas (Nahda, Nahra y Nasrine) fueron todas al colegio, igual que los chicos: Shiar, Farhad, Mustafa y Bland. Los kurdos tenemos un dicho: «Macho o hembra, un león es un león». *Yaba* decía que podían seguir estudiando mientras aprobaran los exámenes.

Cada mañana, yo me sentaba en el umbral para verlas marchar, balanceando las carteras y charlando con sus amigas. El umbral era mi sitio favorito para sentarme a jugar con el barro y a ver a la gente ir y venir. Pero, sobre todo, esperaba a una persona: al hombre del *salep*. Por si no lo has probado, el *salep* es una especie de batido de leche espesada con polvo de raíces de orquídeas de las montañas y aromatizado con agua de rosas o canela. Lo venden en carritos de aluminio, servido en un vasito, y está delicioso. Yo siempre sabía cuándo venía el hombre del *salep* porque el radiocasete de su carrito emitía versículos del Corán, no música como el de otros vendedores callejeros.

Me sentía sola cuando se iban todos y solo quedaba *yaba* fumando y pasando las cuentas de su rosario, si es que no se iba con sus ovejas. En el lado derecho de la casa, entre la nuestra y la de nuestros vecinos, que eran mi tío y mis primos, había un ciprés alto y oscuro que me daba mucho miedo. Y en nuestra azotea había siempre gatos asilvestrados y perros callejeros que me daban escalofríos porque, si alguna vez venían a por mí, no podría escapar corriendo. No me gustan los perros, los gatos ni nada que se mueva deprisa. Había una familia de gatos blancos con manchas naranjas que bufaban a cualquiera que se les acercase, y yo los odiaba.

La azotea solo me gustaba las noches de verano muy calurosas, cuando dormíamos allá arriba. La densa oscuridad se nos ceñía como un guante y corría una brisa limpia, enfriada por el vacío del desierto. Me encantaba tumbarme de espaldas y mirar las estrellas, tantas y tan lejanas, extendiéndose hacia el infinito como una pasarela resplandeciente. Fue durante esas noches cuando empecé a soñar con ser astronauta, porque en el espacio puedes flotar y da igual que no te funcionen las piernas.

Lo curioso, por cierto, es que en el espacio no puedes llorar. Debido a la gravedad cero, si lloras como en la Tierra las lágrimas no caen sino que se te acumulan en los ojos, forman una pelota líquida y se te extienden por la cara como una extraña barba. Así que ¡cuidado!

2

Los muros de Alepo

Alepo, Siria, 2003-2008

La gente siempre me ha mirado de manera distinta. Mis hermanas son muy guapas, sobre todo Nasrine, con su largo y lustroso pelo de color caoba y su piel clara, que se vuelve un poco pecosa cuando le da el sol. Yo... bueno, parezco más árabe y tengo los dientes delanteros grandes y salientes, tuerzo los ojos y me pongo bizca, y las gafas siempre se me están cayendo de la nariz. Y eso no es todo.

Quizá porque *ayee* era un poco mayor (44) cuando me tuvo, nací prematura: con cuarenta días de antelación, que es el tiempo que según los cristianos ayunó el profeta Jesús en el desierto antes de su crucifixión. Mi cerebro no recibió suficiente oxígeno y algo pasó. La parte del equilibrio no funciona y no manda señales a mis piernas, así que tienen vida propia: se levantan de golpe cuando estoy hablando, tuerzo los tobillos hacia dentro, mis dedos apuntan hacia abajo, mis talones se curvan hacia arriba y no puedo caminar. Es como si estuviera siempre de puntillas. Además, las palmas y los dedos de mis manos se vuelven convexos en vez de cóncavos si no me concentro. Mis extremidades son, básicamente, como esos pececillos chinos de la buena fortuna que, una vez que se curvan, ya no hay quien los enderece.

Como no caminaba, mis padres me llevaron a un médico, que les dijo que a mi cerebro le faltaba una conexión que ya estaría formada cuando cumpliera cinco años y que entonces podría caminar, siempre y cuando me dieran calcio y proteínas en cantidad suficiente. Mi madre me obligaba a comer montones de huevos y hacía que me pusieran inyecciones de vitaminas, pero aun así mis piernas siguieron sin funcionar. Fuimos a muchos doctores. Mi hermano Shiar llamó desde Alemania y les dio el nombre de un especialista para que me llevaran a Alepo. Me tumbó en una máquina que era como un ataúd de plástico para hacerme una resonancia magnética. Después dijo que tenía una cosa llamada deficiencia de equilibrio, que es un tipo de parálisis cerebral. Yo no entendía aquellas palabras tan largas, pero me di cuenta de que eran de temer por las caras que pusieron *ayee* y *yaba*. El doctor dijo también que iba a tener que pasar por el quirófano y después por rehabilitación.

Además, como Manbij era un sitio polvoriento y descuidado, y quizá por culpa de aquel tropel de gatos y perros, tenía unos ataques de asma tan fuertes que a veces no podía respirar y se me ponía la cara azul.

Así que, cuando tenía cuatro años, nos mudamos a Alepo, donde yo podía recibir atención médica y mi hermana Nahda y mi hermano Bland podían ir a la universidad. Nahda era tan lista que sacaba las mejores notas de Manbij, y fue la primera chica de nuestra familia en ir a la universidad. Estaba estudiando Derecho y yo pensaba que quizá llegara a ser una abogada famosa.

Alepo es una ciudad con muchísima historia —hay quien dice que es la ciudad habitada más antigua del mundo— y la mayor urbe de Siria. Allí puedes conseguir de todo. Nosotros vivíamos en un barrio kurdo del noroeste llamado Sheikh Maqsoud, que estaba muy arriba y tenía vistas a toda la ciudad, con sus edificios de piedra clara que brillaban al sol de la tarde con un rosa como el de las flores del almendro. En el centro estaba la fortaleza amurallada, sobre un promontorio que vigilaba la ciudad desde hacía mil años, quizá.

Nuestra casa nueva era un piso en la quinta planta del número 19 de una calle llamada George al Aswad, en honor a un cristiano que había sido el dueño de aquellas tierras (cerca del diez por ciento de nuestra población es cristiana, y el cementerio cristiano estaba muy cerca de allí). A mí me gustaba más porque no había gatos ni perros arañando y aullando en la azotea, ni siniestros cipreses que me hicieran esconderme debajo de las mantas, y porque era más grande, con cuatro habitaciones, un baño y dos balcones desde los que se podía ver pasar el mundo. Mi madre estaba más contenta teniendo montones de kurdos alrededor. Pero lo mejor de todo era que una de las habitaciones era un cuarto de estar donde veíamos la tele.

Mis hermanos Shiar y Farhad vivían en el extranjero, pero Mustafa se había quedado en Manbij, donde dirigía una empresa que perforaba pozos de agua (un buen negocio, porque vivíamos en época de sequía). Al principio todas mis hermanas vivían con nosotros en Alepo, pero Jamila, Nahda y Nahra se casaron una detrás de otra (¡y yo lloré cada vez!). Después de la boda de Jamila, cuando vino gente a casa a felicitar a los novios, yo, sentada en el sofá, miraba con rabia a nuestro primo Mohammed, con el que se había casado mi hermana. Jamila tenía ataques de mal genio que iban y venían como una racha de viento, sobre todo si alguien intentaba entrometerse en su forma de llevar la casa, pero siempre había cuidado de todos nosotros.

Después de aquello solo quedamos Bland, Nasrine y yo. Bland dormía en el cuarto de la tele, conmigo y *ayee* y con Mustafa, cuando no estaba fuera, de viaje. Nasrine tenía un cuartito propio.

El bloque donde vivíamos tenía seis plantas, pero la de encima de la nuestra estaba condenada, así que nuestro piso era el más alto. Todos los vecinos del edificio eran kurdos, aunque de distintos lugares. Los que vivían en nuestra planta tenían cinco hijos: cuatro chicas –Parwen, Nermin, Hemrin y Tallin– y un chico, Kawa, que era el pequeño. Yo los quería mucho, pero cuando jugábamos siempre me sentía como el eslabón más débil y a menudo huían de mí y se reían cuando intentaba arrastrarme tras ellos a mi extraña manera, como un conejo. La verdad es que parecía un conejo con estos dientes, y hasta me arrastraba dando saltitos. Otra familia que vivía dos pisos más abajo tenía una tortuga y a veces la subían a nuestra casa. A mí me encantaba tenerla en el regazo y solía quedarme sentada, observándola, mientras los demás niños se iban corriendo. Nunca me sentí cómoda ni aceptada en el mundo de los niños.

Compensaba toda esa falta de diversión viendo la tele. Veía de todo, empezando por los dibujos animados y los DVD de Disney. A mi familia le encantaba el fútbol, así que veíamos los partidos todos juntos. Luego, cuando tenía ocho años y nos compramos una antena parabólica, veía documentales de historia y ciencia. Y mucho después, cuando tuvimos ordenador, descubrí Google y empecé a recopilar todos los datos que podía. Gracias, Sergey Brin. Algún día me gustaría conocerte.

Al principio fui a un centro de fisioterapia llamado La Fraternidad. Parecía una casa tradicional siria, con un gran patio con columpios y una fuente. No había ascensor, así que tenía utilizar la barandilla para impulsarme escaleras arriba.

Los fisioterapeutas siempre sonreían pero me obligaban a hacer cosas complicadas, como practicar el equilibrio usando pelotas de goma. También me sujetaban a un aparato colocándome unas bandas alrededor de la cintura y de las piernas para que intentara mantenerme derecha. Parecía sacado de una cámara de tortura de El Asad.

Se suponía que tenía que ir a La Fraternidad a hacer ejercicios dos veces por semana, pero me daban constantes ataques de asma. Iba tanto por el hospital que los médicos ya me conocían. Los ataques parecían darme siempre en plena noche, y a veces me costaba tanto respirar que *ayee* creía que iba a morirme. Jamila, tan tierna siempre, solía reconfortarme hasta que se casó y se fue de casa. Desde entonces, eran Bland y Nasrine quienes me acompañaban.

Cualquier cosa parecía disparar un ataque. Pero lo peor de todo era el humo del tabaco: en Siria fuman prácticamente todos los hombres, y también algunas mujeres. Se suponía que en nuestra casa no fumaba nadie, pero yo olía hasta el humo que subía de la planta baja. Los ataques de asma parecían darme siempre los días festivos: pasé cuatro fiestas de Eid en el hospital.

En mi país casi no hay instalaciones para personas discapacitadas, y mis ataques de asma eran tan frecuentes que no podía ir al colegio. Nahra, mi hermana la tercera, no había obtenido notas suficientes para ir a la universidad, así que estuvo en casa hasta que se casó. De todas las hermanas, Nahra era la que más se preocupaba por estar guapa y bien maquillada, y siempre teníamos que esperarla mientras se arreglaba, pero al mismo tiempo no creía que mi discapacidad fuera excusa para no aprender. Así que, cuando yo tenía seis años, además de las reglas del fútbol me enseñó a leer y escribir en árabe, haciéndome copiar una y otra vez la misma frase hasta que llenaba una hoja y estaba a punto de volverme loca.

Yo aprendía deprisa. Nasrine iba a la escuela del barrio a pedir que me dejaran libros de texto que yo me acababa en un par de semanas.

En cuanto supe leer, mi mundo fueron los libros, la tele y sentarme en el balcón. Desde allí, entre las plantas, podía observar las otras azoteas con su ropa tendida, sus antenas parabólicas y sus depósitos de agua. Más allá había minaretes finos como lapiceros desde donde se llamaba a la oración cinco veces al día y que al anochecer quedaban bañados por una mágica luz verdosa.

Pero yo sobre todo observaba nuestra calle. La flanqueaban por ambos lados bloques de pisos como el nuestro, y los únicos comercios que había eran un supermercado y una tienda que vendía camisetas de fútbol. No había mucho tráfico: de vez en cuando se oía pitar a un coche o pasar una motocicleta, y todas las mañanas aparecía un hombre empujando un carrito en el que vendía bombonas de gas para la cocina y la calefacción. Supongo que era cristiano porque siempre ponía villancicos en su radiocasete.

En su carrito, como en todas partes, había fotografías de nuestro dictador, Bachar el Asad. A los gobernantes de esta región del mundo les gusta el culto a la personalidad. Todo se llamaba Asad. Asad, Asad, Asad: el lago Asad, la Academia Asad, hasta el Club de Escritura Asad. Casi todas las semanas aparecían en la calle paneles con distintas fotografías suyas. En algunas se le veía como un estadista serio y formal, reuniéndose con otros jefes de Estado; otras, en cambio, lo mostraban como una figura paternal, sonriendo y saludando con la mano o montando en bici con uno de sus hijos en la parte de atrás, acompañadas de consignas tranquilizadoras como *Kullna ma'ak*, «Estamos todos contigo». La gente comentaba que le coloreaban los ojos para que parecieran más azules. Yo me sentía engañada por todo aquello.

Había también fotografías de su difunto padre, Hafez, que fundó la empresa gubernamental de la familia en 1970. Hafez había nacido pobre, en una familia de once hermanos, pero más o menos en la época en que mi padre hizo el servicio militar era ya jefe de la Fuerza Aérea, y luego dirigió el país durante décadas, tras dar un golpe de Estado. Como nosotros, los Asad pertenecían a una minoría: procedían del clan alauita pero eran chiíes, mientras que la mayoría de los sirios eran suníes, como nosotros. Puede que por eso se sintieran inseguros, porque gobernaban nuestro país como un Estado policial, con quince agencias de inteligencia distintas y, si la gente protestaba, la encarcelaban o la mataban. Hafez sobrevivió a varios atentados, y al final murió por causas naturales,

40

de un ataque al corazón, en el año 2000, un año después de que yo naciera.

Estaba previsto que le sucediera su hijo mayor, el temerario Basel, que además de ser oficial del ejército era campeón de equitación. Pero Basel tenía debilidad por los deportivos y murió en 1994, cuando su Mercedes se estrelló a gran velocidad en la carretera del aeropuerto de Damasco. Así que ocupó su lugar su hermano menor, Bachar, tímido y delgado, al que el pueblo llamaba «el niño de mamá». Al principio la gente se alegró. A diferencia de su padre, que se había formado como piloto en la Unión Soviética, Bachar había estudiado oftalmología en Inglaterra –estaba realizando estudios de posgrado en el Western Eye Hospital de Londres– y su esposa, Asma, era británica de nacimiento (su padre ejerce como cardiólogo en Londres). Nos sentíamos orgullosos de tener un presidente joven y apuesto, casado con una mujer muy bella que había viajado por el mundo y hasta conocía a la reina, y creíamos que tendrían una mentalidad más abierta y que las cosas cambiarían. Y al principio así fue: Bachar liberó a cientos de presos políticos, permitió que los intelectuales celebraran reuniones políticas y autorizó el lanzamiento del primer periódico independiente desde hacía décadas. Redujo la edad de jubilación en el ejército para librarse de la vieja guardia de su padre, y en las calles comenzó a hablarse de la Primavera de Damasco.

Por desgracia, al cabo de dos años la situación volvió a ser la de siempre, quizás a causa de esa vieja guardia, a la que no le gustaban los cambios. El pueblo volvió a vivir atemorizado por el Mukhabarat, la policía secreta siria, y la gente nunca decía lo que pensaba porque no sabía quién podía estar escuchando o vigilando.

Mi dicho favorito es «Ríe mientras respires, ama mientras vivas», y no entiendo que alguien quiera regodearse en la desgracia habiendo un mundo tan bello ahí fuera. Es uno de mis principios existenciales. Otro es que no creo que nadie nazca siendo malvado, ni siquiera El Asad. El problema es que se crio siendo un niño mimado, el heredero del reino de su padre. Era como si la familia El Asad fuera la dueña del país y creyera que nunca tendría que renunciar a él. Nosotros nunca hablábamos de El Asad, ni siquiera en casa, entre nosotros. Sabíamos que había agentes por todas partes. Las paredes oyen, solíamos decir, así que no hablábamos.

Yo, que lo observaba todo, sabía cuándo llegaban los hombres del trabajo a última hora de la tarde porque encendían sus narguiles y el olor dulce del tabaco comenzaba a filtrarse en mis maltrechos pulmones.

A veces, cuando observaba las sombras que se movían por la calle y veía desaparecer alguna figura por los callejones sinuosos, deseaba poder caminar sin rumbo fijo. ¿Cómo sería perderse en un laberinto de estrechas callejuelas?

A Alepo iban muchísimos turistas, y todo el mundo dice que es una ciudad muy hermosa, con su ciudadela medieval, su Gran Mezquita y el zoco cubierto más antiguo del mundo, en el que se vendían mercancías de la Ruta de la Seda, como especias indias, sedas chinas y alfombras persas. Nuestro piso quedaba muy alto, así que, si alguien de la familia me ayudaba a incorporarme, podía ver la ciudadela iluminada por las noches, sobre un promontorio en el centro de la ciudad. ¡Cuánto deseaba ir a verla! Le supliqué a mi madre que me llevara, pero no podía ser porque había muchos escalones.

Lo único que veía era nuestra sala y las partes de la casa a las que podía acercarme brincando como un conejo. Mi familia intentaba sacarme, pero suponía un gran esfuerzo porque no teníamos ascensor y había que bajarme en vilo los cinco tramos de escaleras, y además las calles estaban tan llenas de baches que hasta a una persona no discapacitada le costaba caminar por ellas. El único sitio al que podía ir era a la casa de mi tío, porque estaba cerca y su edificio sí tenía ascensor. Así que fui perdiendo el interés por salir y, cuando salía, a los cinco minutos ya quería volver, de modo que puede decirse que fui yo misma quien se encerró en casa.

A veces veía a *yaba* mirarme con tristeza. Nunca me regañaba, ni siquiera cuando inundaba el cuarto de baño jugando al waterpolo, y me traía todo lo que quería –o mandaba a mis hermanos a buscarlo–, ya fuera pollo frito de un restaurante en plena noche o la tarta de chocolate y coco que tanto me gustaba. Yo trataba de parecer contenta por él.

Nunca dejaba que hiciera nada por mí misma. Nasrine se enfadaba. A veces, si yo tenía sed y pedía algo de beber, mi hermana le decía: «¡Deja que vaya ella a por agua!», pero *yaba* se empeñaba en traérmela. Una vez la vi llorar. «Ahora estamos todos aquí, pero ¿qué va a ser de ella cuando nos muramos?», le preguntó.

Lo peor de ser discapacitada es que no puedes irte a llorar sola a ningún sitio. No tienes intimidad. A veces estás de mal humor y tienes ganas de llorar y de sacar fuera toda esa energía negativa, pero yo no podía hacerlo porque era incapaz de ir a ninguna parte, dependía continuamente de los demás.

Intentaba evitar que la gente viera cómo me movía. Cuando conocía a alguien, mi madre siempre contaba la historia de mi nacimiento y luego les decía lo lista que era, como diciendo «Fíjate, no puede andar pero no es retrasada mental». Yo me quedaba callada mirando la tele.

La tele se convirtió en mi escuela y en mi amiga, y pasaba todo el día con adultos, como mis tíos, que vivían allí cerca. Nunca jugaba con juguetes. A veces, cuando venían familiares de visita, me traían muñecas o peluches, pero los dejaba en una estantería y allí se quedaban. Mustafa dice que nací con la mentalidad de una persona adulta. Cuando trataba de hacer amigos de mi edad, la cosa no funcionaba. Mi hermano mayor, Shiar, tiene una hija, Rawan, un año y medio más pequeña que yo, y su madre y ella vinieron a visitarnos varias veces. Yo tenía muchísimas ganas de ser su amiga, así que hacía todo lo que quería, hasta jugar a los juegos más aburridos o dejar que me usara como modelo para sus experimentos de peluquería. Pero en cuanto llegaba alguien que podía caminar, dejaba de hacerme caso. Un día, cuando Rawan tenía cinco años y yo siete, le pregunté por qué no jugaba conmigo. «Porque no puedes andar», me contestó. A veces, tenía la sensación de ser un miembro sobrante de la población mundial.

3

La chica de la tele

Aparte de los datos, me gustan las fechas. Por ejemplo, el 19 de abril de 1770, el capitán James Cook descubrió Australia, y el 4 de septiembre de 1998 se fundó Google. La fecha que menos me gusta es el 16 de marzo. Es un día muy amargo en la historia de los kurdos porque en 1988, al final de la guerra entre Irán e Irak, una veintena de cazas de Sadam Husein arrojó una mezcla mortífera de gas mostaza y agentes nerviosos sobre los kurdos de la localidad de Halabja, en el norte de Irak. La ciudad se hallaba en ese momento bajo control de los iraníes, que contaban con el apoyo de los kurdos de la región. Por eso Sadam quiso darles un escarmiento. Llamamos a ese día el Viernes Sangriento. Murieron miles de hombres, mujeres y niños. Ni siquiera hoy día sabemos cuántos exactamente, pero se calcula que unos cinco mil, y varios miles más sufrieron gravísimas quemaduras y secuelas respiratorias. Después nacieron montones de bebés con deformidades.

Todos los años, ese día, el canal kurdo de televisión programaba canciones tristes sobre Halabja y filmaciones antiguas que me ponían muy triste. Era horroroso ver las nubes de humo blanco, negro y amarillo elevándose en altas columnas sobre la ciudad después del bombardeo, y a la gente huyendo y lamentándose, llevando a sus hijos a rastras o cargados sobre los hombros, y los cadáveres amontonados. En una película que vi decían que el gas olía a manzanas dulces, por eso nunca he podido comerme una manzana. Odio ese día: ojalá pudiera borrarlo del calendario.

Sadam era un dictador aún peor que El Asad. Pero Occidente siguió apoyándolo durante años, y hasta dándole armas. A veces parece que nadie quiere a los kurdos. Nuestra lista de desgracias es infinita.

Marzo es, en realidad, la mejor y la peor época del año para los kurdos, porque es el mes del Noruz, nuestra festividad de año nuevo, que marca el principio de la primavera y que tenemos en común con los persas. Pero en nuestro caso conmemora también el día en que el malvado tirano Zuhak, el devorador de niños, fue derrotado por el herrero Kawa.

Durante los días anteriores al Noruz, el piso se llenaba de un delicioso olor a comida. *Ayee* y mis hermanas hacían dolma —rollitos de hojas de parra rellenos de tomate, berenjena, calabacín y cebolla— y patatas rellenas con carne picada muy condimentada (menos una, que siempre dejábamos sin rellenar y que traía buena suerte a quien le tocaba). Además, esta era la única época del año en que yo salía. Un par de días antes del Noruz, todos los vecinos, incluidos nosotros, adornábamos los balcones con luces de colores, rojas, verdes, blancas y amarillas, los colores de la bandera nacional del Kurdistán. Y el día de la fiesta nos poníamos nuestro traje nacional y salíamos de excursión en un minibús.

Naturalmente, el régimen no veía aquello con buenos ojos y ese día había un montón de policías en las calles. Solo permitían la fiesta porque sabían lo tercos que somos los kurdos y temían que hubiera tumultos si la prohibían. Pero aun así se necesitaba un permiso oficial que era difícil de conseguir y no nos dejaban disfrutar de nuestras fiestas en las calles del barrio. Teníamos que irnos a una especie de páramo llamado Haql al Rmy, a las afueras de Alepo, que el ejército usaba para hacer prácticas de tiro y cuyo nombre significa literalmente «campo de tiro». Era un sitio inhóspito y rocoso, así que nos llevábamos un montón de alfombras para sentarnos encima y desplegar la comida.

Para ser sincera, a mí a veces me daban ganas de que prohibieran el Noruz, porque odiaba ir. Primero, era casi una tortura bajarme por las escaleras desde el quinto piso. Luego, cuando llegábamos allí, había muchísimo ruido y gente por todas partes, y era muy incómodo sentarse en el suelo duro. Ni siquiera podía ver a los que bailaban o el desfile con nuestras canciones nacionales. Y teníamos que tener mucho cuidado con lo que decíamos, porque entre la gente siempre había vendedores de globos, helados y algodón de azúcar, y se decía que eran espías al servicio de El Asad. La verdad es que siempre teníamos mucho cuidado. Por la noche se hacía una gran fogata y la gente bailaba alrededor, y el cielo se iluminaba con el resplandor de los fuegos artificiales.

Luego, más o menos una semana después, llegaba la detención de los organizadores, de la gente que había montado el escenario para los músicos y el sistema de sonido. En 2008, la policía mató a tres jóvenes que estaban celebrando el Noruz en un pueblo kurdo y hubo quien pidió su prohibición. Pero, en lugar de provocar un choque directo con la población kurda, el régimen anunció que a partir de entonces se celebraría en esa fecha el Día de la Madre, y cualquier festejo que tuviera lugar ese día sería para conmemorarlo. Lo que demuestra lo astutos que son estos El Asad.

Ese fue el año que yo me perdí el Noruz porque los médicos decidieron intentar alargarme los tendones de Aquiles para que pudiera estirar los pies y apoyar los talones, en lugar de tener que estar siempre de puntillas. Me desperté en el hospital Al Salaam con la parte inferior de las piernas escayolada. Me ardían tanto los pies que me puse a llorar.

Echaba de menos a mi hermana mayor, la dulce Jamila, que se había casado el año anterior y ya no vivía con nosotros. Bland había acabado sus estudios y encontrado trabajo como contable en una empresa y Nasrine, siguiendo los pasos de Nahda, acababa de entrar en la Universidad de Alepo, donde iba a estudiar Física. Me alegraba por ellos, pero por otra parte estaba todo el día sola en casa con *ayee* y *yaba*.

Un día estaba sentada en la alfombra, en el balcón grande, cuando llegó *ayee* con mi tío Alí, que acababa de visitar a unos parientes en la ciudad de Homs. «Tu tío te ha traído una cosa», me dijo mi madre. El tío Alí me dio una caja de pañuelos de papel y se rio al ver la cara que ponía. Como regalo, una caja de pañuelos de papel no era gran cosa.

«Mira dentro», dijo. Miré y allí, entre los pañuelos, había una tortuguita. Homs era famosa por sus tortugas. Me puse tan contenta que pasé todo el día sentada con la caja en el regazo. Me encantaba seguir con el dedo los dibujos de su caparazón abombado y ver cómo asomaba la cabecita, toda gris y arrugada como piel de serpiente, con sus ojillos negros como cuentas de cristal. Aquel primer día apenas se movió, y a mí me daba pánico haberle hecho daño, porque en mi familia tenía fama de romper todo lo que tocaba. Durante los primeros días iba a verla cada dos minutos para asegurarme de que seguía viva. La teníamos en el balcón, le dábamos de comer lechuga y le pusimos de nombre Sriaa, que en árabe significa «rápida», porque era muy lenta. Aún más lenta que yo.

El único al que no le gustaba la tortuga era a *yaba*. Se quejaba de que era *haram*, contrario al Islam. Yo me reía, pero luego llegó el verano y empezamos a dormir en el balcón, y una noche nos despertaron unos gritos de cólera. La tortuga se había subido encima de mi padre, y estaba furioso.

Al día siguiente no vi a Sriaa por ninguna parte. Miré por todo el balcón, cada vez más preocupada. Por fin fui a ver a *yaba*. «¿Dónde está?», le pregunté. «La he llevado a vender», me dijo. «Es lo mejor, Nujeen, es cruel tener animales encerrados».

«¡No!», grité. «La tortuga era mía y estaba contenta aquí. ¿Cómo sabes qué va a ser de ella ahora?». Me desgañité de tanto llorar.

No podía quejarme, claro, porque se había librado de ella por motivos religiosos. Y después, en el fondo, me sentí aliviada. Temía tanto que Sriaa se muriera… Si sujetas a una tortuga por la cola, se muere. Y eso no habría podido soportarlo.

Como todos los niños del edificio iban al colegio y ya no tenía que cuidar de mi tortuga, no me quedó nada que hacer, excepto ver la televisión. Gracias a la antena parabólica, mi habitación se abrió de pronto a un nuevo mundo. El canal de National Geographic, el History Channel, Arts & Entertainment… Me gustaban los programas de historia y los de naturaleza (mi animal favorito es el león, rey de la selva, y el que me da más miedo la piraña, que puede comerse a un humano en noventa segundos).

Sobre todo, veía documentales. Todo lo que sé sobre los alienígenas, el espacio o los astronautas como Neil Armstrong y Yuri Gagarin procede de documentales. Me enfadé muchísimo con Gagarin porque en 1961, al convertirse en el primer hombre en cruzar la línea de Kármán y adentrarse en el espacio exterior, dijo que no había visto señales de Dios. Eso es muy duro para nosotros, los musulmanes. Pero después vi otro programa en el que se afirmaba que no había dicho eso. Siempre nos están engañando.

La tele estaba siempre encendida: su luz azul, como la de un acuario, brillaba noche y día, hasta el punto de que a veces *ayee* o Mustafa me gritaban que la apagara para poder dormir. Como no iba al colegio, algunas noches me quedaba viéndola hasta las tres de la madrugada y luego me levantaba a las ocho y media, y vuelta a empezar. Mi día favorito de la semana era el martes, porque ponían la versión árabe de *¿Quién quiere ser millonario?* Me encantaban los concursos de preguntas y respuestas. Había otro que ponían todos los días, a las seis de la tarde. Se llamaba *Al Darb*, que significa «La pista», y era por equipos. Normalmente, yo era capaz de contestar a todas las preguntas.

La tele no era muy grande —era de veinte pulgadas— y tenía una raja grande a un lado porque una vez me agarré a la mesa donde estaba colocada para intentar levantarme y se me cayó encima. Lloré, no porque me hubiera hecho daño, sino porque creía que la tele no volvería a funcionar.

Bland se enfadaba a veces conmigo. «Nujeen, te has convencido de que te encanta estar en casa y ver la tele y de que eso es mejor que salir, pero a nadie le gusta estar siempre metido en casa», me decía. Yo no le hacía caso. A veces me preguntaba qué hacían otros discapacitados. Pero enseguida volvía a ver la televisión.

A *ayee*, a Nasrine y a mí nos gustaba ver el tenis. El Abierto de Estados Unidos, el de Francia, el de Australia y, sobre todo, Wimbledon, con esos árbitros tan elegantes, con su uniforme verde y morado, y esas pistas de césped tan perfectas como alfombras. Enseguida me aprendí las normas. A *ayee* le gustaba Andy Murray, a mí Roger Federer y a Nasrine, Nadal; igual que en fútbol yo iba con el Barcelona y ella con el Real Madrid.

El Mundial de 2010 lo vimos todos juntos. ¡A mi familia le encanta el fútbol! Como siempre, la gente del barrio colgó banderas de sus equipos favoritos. Yo colgué en el balcón la bandera de Argentina, por Messi, y nuestro vecino colgó la de Italia.

Pero yo andaba siempre distraída y no paraba de llorar por Jamila, mi segunda madre. Los médicos habían dicho que mi estado iría mejorando a medida que me hiciera mayor, pero mis pies, que tendrían que haberse enderezado, parecían más enroscados que nunca.

Al final, mi hermano Farhad, que vivía en Inglaterra, se enteró de que en Alepo vivía un famoso cirujano ortopédico. Era tan famoso que se tardaba meses en conseguir una cita, así que una mañana fuimos muy temprano a su consulta para coger tique y descubrimos que había campesinos que llevaban toda la noche esperando. Teníamos el número cincuenta y uno. Cada paciente disponía de cinco minutos, y cuando por fin conseguimos ver al doctor era ya por la tarde.

Cuando me vio los pies se enfadó y les dijo a mis padres que no deberían haber permitido que se deterioraran hasta ese punto y que tendría que haber hecho ejercicios. Dijo que necesitaba tres operaciones lo antes posible, nos mandó al hospital para que me hicieran análisis de sangre y dijo que me operaría al día siguiente.

Me operó una vez del tobillo y otras dos para alargarme los ligamentos de la rodilla, que se habían acortado por falta de ejercicio. A mi familia le costó cuatro mil dólares que pagó Mustafa, mi hermano el segundo, gracias a sus pozos, y esta vez tuve las dos piernas escayoladas desde el tobillo a la cadera. Solo me asomaban los dedos de los pies, y tenía que estar todo el rato tumbada.

Aunque tenía que quedarme ingresada en el hospital, después de la primera noche me empeñé en salir para poder ver el fútbol. Estaba deseando que ganara Argentina, o si no España. Pero tenía tantos dolores que no paré de gritar durante todo el camino en taxi, y también en casa, y Mustafa y Bland tuvieron que marcharse porque no podían soportarlo.

Por fin dejó de dolerme, pero estuve escayolada cuarenta días que se me hicieron eternos. Entonces mi hermano Mustafa me compró unas férulas especiales para que me las pusiera en las piernas y se me fortalecieran los músculos. Parecían patas de robot, ¡y cómo dolían! Tenía que llevarlas puestas diez horas al día y me quejaba muchísimo. Pero pasada una semana me acostumbré a ellas y por primera vez en mi vida pude sostenerme en pie con un andador. De pronto podía ver partes del piso en las que normalmente no entraba, como la cocina, y también la ciudadela desde el balcón, sin ayuda. Mi madre dijo que era como una recién nacida.

Más o menos en esa época empecé a ver una telenovela americana que se llamaba *Days of our lives*. Trataba de dos familias rivales, los Horton y los Brady, que vivían en una ciudad ficticia de Illinois, y de una familia de mafiosos, los DiMera, con sus triángulos amorosos y sus rencillas. Todos tenían unas casas preciosas y enormes y montones de ropa y electrodomésticos, cada hijo tenía su habitación y uno de los padres era médico en un hospital tan impecable que resplandecía, no como el Al Salaam, donde yo había estado ingresada. Sus vidas eran tan distintas a las nuestras... Al principio no entendía qué pasaba y a veces el argumento me parecía muy raro, con personajes que resucitaban después de muertos, pero después de un tiempo fui cogiendo el hilo.

La veía con *ayee*, y a Nasrine la sacaba de quicio. «¿Se puede saber qué le veis?», preguntaba.

Nosotros teníamos nuestro propio culebrón en casa. Mis padres estaban desesperados porque Mustafa no se casaba. Como segundo hijo varón, debería haberse casado después de Shiar, que se casó en 1999, pero primero dijo que prefería esperar a que se casase Jamila y, cuando Jamila se casó, dijo que tenía que dedicarse a trabajar porque era nuestra principal fuente de ingresos. Pero tenía ya treinta y cinco años, que en nuestra cultura son muchos. Nuestros matrimonios no son uniones por amor (que, por lo que yo veía en la telenovela, no daban muy buen resultado), sino bodas acordadas. Mi madre no paraba de ir a conocer a posibles novias de nuestra tribu, pero Mustafa siempre se negaba a dar el paso y se limitaba a reírse. Daba igual que mi hermano estuviera presente o no: parecía que no hablábamos de otra cosa. Yo no podía soportarlo. Cada vez que sacaban el tema, gritaba: «¡Otra vez no!» y me tapaba los oídos.

4

Días de rabia

Alepo, 2011

Fue el 25 de enero de 2011, poco después de que cumpliera doce años. Estaba viendo *Days of our lives*, preocupada por si era una psicópata porque parecía que mis personajes favoritos eran siempre los malos, cuando llegó Bland del trabajo con muchas prisas y cogió el mando a distancia. Lo miré asombrada. Todo el mundo sabía que en la tele mandaba yo.

Bland suele ser tan tranquilo y relajado que siempre tengo la impresión de que hay una parte de él que nadie conoce, pero ese día parecía dar vueltas como uno de esos torbellinos que se forman en el desierto. No solo se apoderó del mando a distancia, sino que puso Al Yazira. Toda mi familia sabe que no me gustan las noticias porque siempre son malas: en Afganistán, en Irak, en Líbano, guerra tras guerra en países musulmanes hermanos, desde que nací.

«¡Ha pasado algo!», dijo. Vimos en pantalla a miles de personas reunidas en la plaza principal de El Cairo, agitando banderas y exigiendo la renuncia del presidente Hosni Mubarak, que mandaba en el país desde hacía muchísimo tiempo. Me asusté. Los dictadores disparan sobre la gente. Todos lo sabíamos. No quería ver aquello. Empecé a menear la cabeza.

«Estaba viendo mi serie», protesté. Una de las «ventajas de mi discapacidad», como yo las llamo, era que mis hermanos y hermanas sabían que no debían contrariarme. Ni siquiera cuando tiraba las cosas de Nasrine por la ventana, como su bolígrafo azul o el CD de canciones kurdas que solía poner todo el rato.

Como era de esperar, pronto aparecieron el gas lacrimógeno, las pelotas de goma y el agua a presión para dispersar a los manifestantes. El ruido de las balas me asustaba. Después de aquello, Bland dejó que volviera a cambiar de canal. Pero las manifestaciones no se acabaron. Mustafa, Bland y Nasrine no hablaban de otra cosa, y cada vez que yo salía de la sala ponían las noticias. Dejé de intentar resistirme y poco después yo también estaba pegada a Al Yazira, viendo a aquellas muchedumbres de la plaza Tahrir, que no paraban de crecer y crecer. Muchos eran jóvenes como Bland y Nasrine, y llevaban pintada la bandera egipcia en la cara, o pañuelos rojos, blancos y negros en la cabeza.

Un día vimos con el corazón en un puño que una columna de tanques avanzaba por la plaza como si fueran monstruos. Decenas de manifestantes se interpusieron valerosamente en su camino, y yo apenas podía mirar. Luego pasó algo asombroso. Los tanques no dispararon, sino que se detuvieron. El gentío empezó a cantar y se subió encima de los tanques, y pintó en sus costados *¡Mubarak tiene que irse!*, y vimos que hasta los soldados se ponían a cantar.

Un par de días después, Bland, Nasrine y yo estábamos otra vez sentados al borde del sofá cuando una muchedumbre de partidarios de Mubarak se abrió paso por la plaza. Iban montados en camellos y caballos, como una caballería infernal. Los manifestantes los rechazaron tirándoles piedras y arrancando las losas de la plaza para usarlas como escudos. Los tanques formaron un frente entre los dos bandos y había tanto polvo y tantas cosas ardiendo que costaba ver lo que pasaba. Por fin, los partidarios de Mubarak tuvieron que retirarse y los defensores de la democracia levantaron barricadas con señales de tráfico, trozos de valla metálica y coches quemados para impedir que volvieran.

¿Adónde iría a parar todo aquello?, nos preguntábamos. Los manifestantes levantaron una especie de campamento en la plaza, con un hospital de campaña para atender a los heridos y gente que repartía comida y agua, o que cortaba el pelo y afeitaba a los hombres. Era casi como una fiesta, un poco como nuestro Noruz. Vi a niños de mi edad pisoteando fotografías de Mubarak. Los periodistas que cubrían la noticia estaban muy emocionados. Hasta le pusieron un nombre. La Primavera Árabe, la llamaron. Pero a nosotros nos recordaba a nuestra Primavera de Damasco, que no había terminado nada bien.

La ocupación duró dieciocho días más. Luego, a eso de las seis de la tarde del 11 de febrero, Nahda y Nasrine volvieron de la boda de mi tío y me despertaron de la siesta. Pusimos la tele y allí estaba el vicepresidente egipcio, anunciando que «el presidente Hosni Mubarak ha decidido presentar su dimisión». Pronto se supo que la familia Mubarak había partido hacia el exilio en un helicóptero del ejército con destino a Sharm el-Sheij, la ciudad turística del mar Rojo. Y ya está: se habían marchado después de tres décadas en el poder. Yo me alegré por Egipto. Después hubo fuegos artificiales, los soldados salieron de los tanques para abrazar a los manifestantes y la gente cantaba y silbaba. ¿Era así de sencillo? Si me quedaba dormida otra vez esa tarde, ¿descubriría al despertar que Gadafi se había marchado de Libia? ¿O incluso El Asad?

Y lo de Egipto no fue todo. Aunque en aquel momento no nos diéramos cuenta de lo que pasaba, la Primavera Árabe había empezado en Túnez en diciembre, cuando un pobre vendedor de fruta de veintiséis años llamado Mohammed Bouazizi se vertió queroseno por el cuerpo y se prendió fuego frente al ayuntamiento de su pueblo. Aquello nos impresionó mucho a los musulmanes porque el santo Corán prohíbe prender fuego a la creación de Alá, así que comprendimos que el hombre tenía que estar completamente desesperado y no sabíamos si iría al Cielo o al Infierno. Su familia dijo que estaba harto de que los funcionarios municipales lo humillaran y que perdió la cabeza cuando le confiscaron su puesto de frutas, el único medio de vida que tenían. Cuando en enero murió a causa de sus quemaduras, hubo grandes protestas en el centro de Túnez y diez días después el presidente Zine el Abidin Ben Alí y su familia huyeron a Arabia Saudí tras veintitrés años en el poder.

Al poco tiempo empezaron a aparecer en la tele levantamientos por todas partes. En Yemen, en Baréin, en Jordania, en Libia, en Argelia, en Marruecos y hasta en Omán: en todas partes había manifestaciones contra los gobiernos dictatoriales. Fue como una epidemia que recorrió el Norte de África y Oriente Próximo. Nosotros sabíamos, claro, que los El Asad llevaban cuarenta años en el poder, pero hasta entonces no nos habíamos dado cuenta del tiempo que llevaban gobernando todos esos dictadores. La gente se reunía después de la oración del viernes, inundaba las calles y se congregaba en alguna plaza céntrica. «Días de Rabia», los llamaban.

¿Cuándo le llegaría el turno a Siria? Nuestra población, como la de todos aquellos países, era mayoritariamente joven y estaba desempleada, y veía pisoteados sus derechos por un dictador y una élite enriquecida.

Incluso desde mi habitación del quinto piso yo notaba que todo el país parecía estar conteniendo la respiración. Nasrine decía que en la universidad no se hablaba de otra cosa. Mis hermanos y hermanas volvían a casa contando extraños incidentes: que un kurdo de la ciudad de Al Hakasah, al noreste, se había inmolado; que había pequeñas manifestaciones aquí y allá; que incluso había habido una manifestación en Damasco después de que la policía agrediera a un comerciante en uno de los zocos principales. Pero ninguna de aquellas protestas parecía prender.

Cuando por fin saltó la chispa, fue en el lugar más improbable: la pequeña ciudad agrícola de Daraa, al suroeste, cerca de la frontera con Jordania. Todos conocíamos aquella población como un bastión del régimen, cuyos hijos copaban desde hacía tiempo los puestos más importantes de la administración. En los últimos años, Daraa había dado un primer ministro, un ministro de Asuntos Exteriores y un jefe del Baaz, el partido gobernante.

El detonante fue la detención, a finales de febrero, de un grupo de adolescentes por hacer pintadas contrarias al régimen en las paredes de un colegio. *Al-Shaab yureed eskat el nizam*, escribieron («El pueblo quiere derrocar al régimen»), como habían proclamado las multitudes de El Cairo. *¡Fuera Bachar!*, escribió otro. Un tercero estaba escribiendo *Es su turno, doctor* cuando lo sorprendieron las fuerzas de seguridad.

Durante los días siguientes detuvieron a otros diez adolescentes hasta un total de quince y los llevaron a la Dirección de Seguridad Política (ya dije que en Siria había muchos cuerpos de policía secreta), que estaba bajo el control del general Atif Nayib, primo del presidente, al que todo el mundo le tenía miedo.

Desde tiempos del padre de El Asad y de la Guerra de los Seis Días, en 1967, cuando los israelíes se apoderaron de nuestros Altos del Golán desde el mar de Galilea, al sur, hasta el monte Hermón, al norte, la policía y los servicios de seguridad sirios tenían un poder absoluto para detener y encarcelar indefinidamente a cualquiera sin juicio previo. Alegaban que estábamos en estado de guerra permanente con «la entidad sionista» –que es como llamamos a Israel–, con la que volvimos a combatir en la guerra de 1973 sin recuperar nuestras tierras. Las cárceles de El Asad son famosas por sus torturas. La gente suele decir que la muerte es más llevadera que una cárcel siria, aunque no me explico cómo puede saberlo nadie.

Pronto corrió el rumor de que aquellos chicos estaban siendo golpeados y torturados mediante las técnicas habituales de El Asad, como arrancarles las uñas o aplicarles descargas eléctricas en sus partes íntimas. Sus padres, desesperados, acudieron a las autoridades y el general Nayib les dijo: «Olvidaos de vuestros hijos y marchaos a hacer más». ¿Te imaginas?

En todo el país la gente joven trató de organizar un Día de la Rabia en apoyo de aquellos chicos. Vi a Nasrine y a Bland mirando una página de Facebook titulada *La Revolución Siria contra Bachar el Asad 2011*, pero enseguida la cerraron. Nos daba miedo hasta echarle un vistazo.

Daraa es una zona muy tribal y los chicos detenidos procedían de los clanes más numerosos. Y como muchos agricultores que conocíamos, el pueblo se esforzaba por sobrevivir debido a una severa sequía que duraba ya cuatro años, y no podía competir con las importaciones baratas que llegaban de Turquía y China. En lugar de ayudarlos, el gobierno había recortado los subsidios. Estaban enfadados, además, por el modo en que el general Nayib gobernaba la región como si fuera su feudo personal.

Así que el 18 de marzo, después de la oración del viernes, cuando las familias de los detenidos marcharon sobre la casa del gobernador de Daraa e iniciaron una sentada para exigir su liberación, los acompañaban los líderes religiosos y vecinales de la localidad. Los antidisturbios usaron un cañón de agua y gas lacrimógeno para tratar de dispersarlos, y a continuación intervino la policía armada y abrió fuego. Murieron cuatro personas.

Al ver la sangre, la gente se volvió loca. Las ambulancias no podían pasar debido al cordón policial, y los manifestantes tuvieron que llevar a los heridos a la mezquita histórica del casco antiguo, convertida en hospital improvisado.

Dos días más tarde los manifestantes incendiaron la sede local del partido Baaz y otros edificios administrativos. El presidente El Asad envió una delegación oficial para presentar sus condolencias a los familiares de los fallecidos, destituyó al gobernador y trasladó al general Nayib.

Pero era ya demasiado tarde. Ahora nos tocaba a nosotros. Había comenzado nuestra revolución.

Como era de esperar (los dictadores tienen muy poca imaginación), la primera reacción de El Asad fue enviar tanques a Daraa para aplastar la revuelta. Quizá porque nuestro ejército es mayoritariamente alauita como los El Asad, nuestros tanques, a diferencia de los egipcios, no detuvieron su avance. Atacaron con tanta saña la mezquita que los opositores al régimen habían convertido en su cuartel general que dejaron sus antiquísimos muros salpicados de sangre. Los entierros de las víctimas se convirtieron en mítines masivos. Las fuerzas gubernamentales volvieron a disparar y murió más gente, y hubo nuevos entierros a los que acudió una muchedumbre aún más numerosa.

El gobierno publicó entonces un decreto para bajar los impuestos y subir los salarios de los funcionarios, lo que solo consiguió enfurecer aún más a la gente. Al día siguiente, en otro entierro, se congregaron decenas de miles de personas al grito de «¡No queremos tu pan, queremos dignidad!».

Luego, a finales de marzo, El Asad dio un discurso en el Parlamento en el que acusó a los manifestantes de ser «extremistas sectarios» y «terroristas extranjeros». «Esas conspiraciones no sirven con nuestro país ni nuestro pueblo», afirmó en tono colérico. «Queremos dejarles claro que solo tienen una opción, y es aprender de su fracaso».

Aquel discurso indignó a los sirios. «¡Nos trata de traidores!», exclamó Bland. Daraa estaba sitiada, pero en otras localidades empezaron a celebrarse semanalmente mítines contrarios al régimen, convocados a través de Facebook o YouTube. A lo largo de abril y mayo hubo protestas en Homs, Hama, Damasco y Raqqa: se extendieron desde Latakia, en la costa mediterránea, hasta las regiones rurales del norte que limitan con Turquía y la provincia de Deir al Zour, al este del país, de donde procede todo nuestro petróleo.

Cada una de estas protestas era recibida con una demostración de fuerza por parte del régimen, que creía que podía aplastarlas sin más. Murieron centenares de personas. Pero la rebelión no se detuvo. A lo largo y ancho del país la gente gritaba: «¡Con nuestras almas, con nuestra sangre, nos sacrificamos por ti, Daraa!».

Al poco tiempo no se hablaba de otra cosa. Hasta nos olvidamos de que Mustafa se negaba a casarse. El aire estaba cargado de electricidad, casi chisporroteaba. ¡Una revolución! Era como en los documentales de historia que yo veía. Nos llenaba de emoción pensar que íbamos a librarnos de los El Asad. La gente hablaba de pronto de cosas que hasta hacía poco eran impensables. Era precioso. Se inventaban canciones contra El Asad, y hasta yo maldecía al presidente, a veces en voz alta.

Los kurdos creíamos que podíamos conseguir por fin nuestro Kurdistán, o Rojava, como lo llamamos nosotros. En las calles se veían banderas con la leyenda *Democracia para Siria. Federalismo para el Kurdistán sirio*.

Pero *yaba* decía que no entendíamos nada. La gente mayor como él sabía que el régimen era peligroso porque habían sido testigos de lo ocurrido en Hama en los años ochenta, cuando Hafez el Asad y su hermano Rifat sofocaron las protestas de los Hermanos Musulmanes masacrando a diez mil personas y arrasando la ciudad para que la gente supiera de lo que eran capaces.

El régimen parecía ciego y sordo a las demandas del pueblo. En lugar de hacer cambios de verdad, El Asad anunció nuevas medidas para intentar apaciguar a distintos sectores de la población. Legalizó el uso del *niqab* por parte de las maestras de escuela, que había estado prohibido hasta el año anterior. Para intentar impedir que los kurdos nos sumáramos a las protestas aprobó un decreto presidencial que otorgaba la ciudadanía a unos trescientos mil kurdos apátridas desde los años sesenta. Y por primera vez su portavoz compareció en la tele para desear a los kurdos un feliz Noruz y pusieron una canción kurda.

Pero aquello no bastaba: lo que la gente quería era menos corrupción y más libertad. Las exigencias de reformas se convirtieron en llamadas a la destitución de El Asad. Los opositores al régimen arrancaban los nuevos carteles de Bachar en vaqueros plantando un árbol y les prendían fuego, y hasta derribaban estatuas de su difunto padre, cuyo nombre antes apenas nos atrevíamos a pronunciar en voz baja.

Casi todas estas cosas las veíamos en Al Yazira o YouTube: en la televisión siria no aparecían, por supuesto. Nuestra mejor fuente de información era Mustafa, porque había fundado una empresa que traía camiones del Líbano y andaba siempre cruzando el país de punta a punta, así que veía muchas cosas. Él también decía, como *yaba*, que nuestro régimen era más duro que los demás. Pero cuando vio que aquella primera manifestación en Daraa se extendía a Homs y Hama, cambió de idea.

Nos contó que en Hama había tanta gente que era como si una riada humana hubiera inundado la plaza central. Hama era la ciudad donde había muerto tanta gente asesinada en 1982, y muchos de los manifestantes eran huérfanos de aquella masacre. Invadieron las calles después de la oración del viernes y, como de costumbre, el régimen tomó represalias. Aparecieron tres camiones del ejército armados con grandes ametralladoras y abrieron fuego contra los manifestantes, matando a setenta personas. Los hombres de las primeras filas gritaban: «¡En son de paz!», mientras eran abatidos. La matanza inflamó los ánimos en la ciudad, y pronto estuvo toda la plaza llena.

«Ya está», nos dijo Mustafa. «En tres semanas habrá caído».

Luego dio la casualidad de que estaba en la ciudad kurda de Derik, en el sureste de Turquía, cerca de la frontera, cuando se celebró el aniversario del nacimiento de Abdulhamid Hajji Darwish, jefe del Partido Demócrata Progresista Kurdo de Siria, y todo el mundo hablaba de qué postura debíamos adoptar los kurdos respecto a la revolución. Dado que todos creíamos que el régimen estaba acabado, el debate se centraba en cómo asegurarnos un estado propio o al menos cierta autonomía, como los kurdos del norte de Irak.

Habían mandado a alguien a Bagdad a reunirse con Jalal Talabani, el presidente de Irak, que también era kurdo, para pedirle su opinión. Talabani afirmó que el régimen no caería. Pero, como eso no era lo que quería oír la gente, dijeron: «Bah, Talabani chochea».

Pero resultó que tenía razón: él sabía lo que de verdad estaba pasando.

Siria no era como Egipto y Túnez. El Asad había aprendido de su padre, de la brutalidad con que había reprimido la revuelta de Hama y, con anterioridad, del gobierno colonial francés. En 1925, cuando nos hallábamos bajo dominio galo, los musulmanes, los drusos y los cristianos se alzaron en lo que se dio en llamar la Gran Rebelión. Los franceses reaccionaron con un bombardeo de artillería tan masivo que arrasó por completo todo un barrio de la Ciudad Vieja de Damasco. A esa zona se la conoce ahora como Al Hariqa, que significa «la Conflagración». Mataron a miles de personas y celebraron ejecuciones públicas en la plaza de Marja, a modo de escarmiento. Después de aquello la revuelta quedó aplastada y seguimos bajo dominio francés otras dos décadas, hasta 1946.

Tal vez porque no recordábamos esta historia, los jóvenes estábamos convencidos de que habría un cambio. Cuando en junio de 2011 nos enteramos de que El Asad iba a dar otro discurso, esperábamos que por fin anunciara una reforma de grandes proporciones.

Pero volvió a optar por la línea dura: denunció lo que calificó de conspiración en contra de Siria y culpó a «saboteadores» apoyados por potencias extranjeras y a «extremistas religiosos» que, según dijo, se estaban aprovechando de los disturbios en beneficio propio. Dijo que no era posible ninguna reforma mientras continuara el caos.

Quedó claro que ni él ni su familia tenían intención de renunciar al poder. Como decía más arriba, se creían los dueños del país.

Después de aquello comenzó a haber una resistencia organizada. Centenares de grupos insurgentes se unieron en el llamado Ejército Libre Sirio o ELS y empezaron a prepararse para la guerra. La mayoría eran jóvenes sin experiencia ni preparación militar, pero había también miembros descontentos del ejército de El Asad. Incluso se decía que habían desertado varios mandos del ejército para unirse al ELS. Los kurdos no nos sumamos al ELS porque teníamos nuestra propia milicia: la YPG o Unidades de Defensa del Pueblo.

El Asad se limitó a recrudecer las acciones militares. En aquellos primeros días de la guerra concentró casi toda su potencia artillera en atacar Homs, la ciudad de donde procedía mi tortuga, que había sido una de las primeras en levantarse contra el régimen. Es la tercera ciudad más grande de Siria, y en ella convivían suníes, chiíes, alauitas y cristianos, al igual que en Alepo. La gente no se dio por vencida, sobre todo en el viejo barrio de Babr al Amr, a pesar de que las fuerzas de El Asad estaban reduciendo la zona a escombros. Pronto empezó a conocerse a Homs como la capital de la revolución. Nosotros pensábamos que, al ver aquella masacre, los países de Occidente intervendrían como habían hecho en Libia, donde crearon una zona de exclusión área para que el coronel Gadafi no pudiera emplear sus aviones contra los manifestantes y desde el mes de abril llevaban a cabo ataques aéreos sobre objetivos gubernamentales tales como el complejo de Gadafi en Trípoli, además de prestar ayuda a los opositores al régimen. En agosto los rebeldes se apoderaron de Trípoli y tomaron el poder. En octubre Gadafi estaba muerto, atrapado como una rata en un agujero, y su cadáver fue exhibido en un congelador como él había hecho con sus opositores.

Pero nuestra oposición estaba dividida y daba la impresión de que Occidente no sabía cómo reaccionar. Los extranjeros abandonaron el país y empezaron a cerrarse las embajadas. A finales de 2011 gran parte del país se había convertido en un enorme campo de batalla en el que se enfrentaban la resistencia y el ejército.

Mustafa decía que todo era un caos, y eso era bueno para su negocio porque no tenía que pagar tasas aduaneras, hasta que el ELS también empezó a establecer controles en las zonas que controlaba, como hacía el régimen. Pero, como *yaba* estaba muy preocupado por él, no nos contaba gran cosa.

Lo curioso es que a nosotros todo aquello nos parecía muy lejano, no solo a mí, en el quinto piso del número 19 de la calle George al Aswad, sino también a Bland y a mis hermanas. A pesar de ser la mayor ciudad del país, Alepo no se había sumado a la revolución, quizá porque era el principal centro comercial e industrial de Siria y en ella vivía mucha gente rica y leal al régimen a la que le preocupaba cómo podía perjudicar la inestabilidad política a sus negocios. Había, además, muchas minorías: cristianos, turcomanos, armenios, asirios, judíos, circasianos, griegos y, naturalmente, kurdos, y ninguno de ellos estaba seguro de que le conviniera unirse a una oposición formada principalmente por árabes suníes que, según se decía, recibían ayuda de Arabia Saudí y Catar. Era muy raro, como si hubiera dos mundos paralelos. Había una revolución, moría gente todos los días y Homs estaba siendo destruida, y sin embargo allí, en Alepo, la gente seguía yendo al cine, saliendo de pícnic o construyendo grandes edificios como si nada hubiera cambiado. Era absurdo.

Pero hubo algo bueno, al menos: más o menos en esa época dejé de tener ataques de asma.

5

Una ciudad dividida

Alepo, 2012

Dicen que la historia la escriben los vencedores, pero he aquí algo que yo no entiendo: ¿por qué se glorifica siempre a los malvados? Aunque hayan hecho cosas terribles, decimos que son carismáticos o brillantes líderes militares. Cuando estaba aprendiendo a leer y escribir, Nahra, mi hermana la tercera, me hacía copiar una y otra vez frases en árabe. Una de ellas era «Alejandro es un gran héroe». Cuando descubrí que era un niño mimado y egoísta me llevé una decepción.

Odio pensar que no sé nada sobre la gente buena y que en cambio sé un montón de cosas sobre los malvados. No sé casi nada sobre la vida de Gandhi o de Nelson Mandela. No oí hablar de Mandela hasta el Mundial de Sudáfrica, así que ¿por qué sé tantas cosas de Hitler y Stalin?

Sé, por ejemplo, que Hitler nació el 20 de abril de 1889, que su padre se llamaba Alois y que su madre, Klara, murió de cáncer de mama, lo que supuso un golpe terrible para él. Sé que luego quiso ser pintor y que lo rechazaron dos veces en la Academia de Bellas Artes de Viena, y que ese fue el origen del Holocausto porque Hitler pensó que la mayoría de los miembros del comité de selección eran judíos. Sé también que se enamoró de su sobrina Geli –que se quitó la vida cuando él la dejó– y después de Eva Braun, que se suicidó con él en un búnker de Berlín.

Stalin asesinó a seis millones de personas, entre los gulags y el Gran Terror. El régimen de Hitler fue aún más mortífero: once millones de personas fueron asesinadas y hubo diecisiete millones de refugiados, pero es de Stalin y Hitler de quien puedo hablar, no de sus víctimas. ¿Sucederá lo mismo dentro de cincuenta años con El Asad? La gente se acordará de él y no de las buenas personas de Siria. Seremos solo números, Nasrine, Bland y yo y todos los demás, mientras que el tirano ocupará un lugar de honor en la Historia. Dirán que tenía aliados (Rusia, China e Irán) y que ellos impidieron su derrocamiento.

Da miedo pensarlo.

Cuando la revolución llegó por fin a Alepo en la primavera de 2012, fue como si todo el mundo despertara de un largo sueño. Como ese momento, por la mañana temprano, cuando la luz entra en casa y alumbra todo el polvo y las telarañas.

Nasrine se puso muy contenta porque los primeros en manifestarse fueran los estudiantes de la universidad. El 3 de mayo, al ir a clase, se encontró con una gran manifestación exigiendo la marcha de El Asad. Sus amigos y ella se sumaron a la marcha y fue emocionante poder manifestarse por primera vez y decir cosas que hasta entonces habían tenido que callarse.

Luego, de pronto, oyeron un estampido y un instante después a Nasrine empezaron a picarle y a lagrimearle los ojos y tuvo que salir corriendo. Había mucho miedo porque todos sabíamos cómo se las gastaba el régimen: si te detenían podías darte por muerto, tú y quizá también toda tu familia.

Esa noche Nasrine recibió un mensaje de un amigo que vivía

en la universidad avisando de que las fuerzas de seguridad habían irrumpido en las residencias de estudiantes. Ordenaron a través de megáfonos que se desalojaran los edificios y luego usaron gas lacrimógeno y balas para dispersar a la gente. Cuando unos cuantos estudiantes protestaron y se negaron a salir, les dispararon y mataron a cuatro. Esa misma anoche aparecieron en Facebook imágenes de un estudiante muerto, con la camisa empapada de sangre, y de una residencia en llamas.

Los estudiantes estaban indignados, como es lógico, y cuando llegó de Damasco una delegación de observadores de Naciones Unidas para ver lo que estaba pasando, se echaron en masa a la calle. Se manifestaron unos diez mil estudiantes, y las concentraciones se emitieron en directo a través de Internet para que todo el mundo pudiera verlas. Al día siguiente, después de la oración del viernes, tomaron de nuevo las calles enarbolando fotografías de los estudiantes muertos acompañadas por el lema *Héroes de la Universidad de Alepo*. «¡Fuera El Asad!», cantaba la gente una y otra vez, y «El pueblo quiere derrocar al régimen», la consigna empleada en Egipto.

Yaba le dijo a Nasrine que no fuera. «¿Es que crees que unos cuantos estudiantes van a acabar con este régimen?», le preguntó. «Lo que harán será acabar con vosotros». Pero yo sabía que mi hermana iría a la manifestación. Cuando regresó estaba muy callada, y ya no volvió a ir. Yo sabía que mi familia era muy cuidadosa con lo que me contaba porque creían que no sería capaz de soportarlo, pero más tarde me enteré de que muchos manifestantes habían sido golpeados y obligados a besar carteles de El Asad. A la propia Nasrine la habían arrastrado por el suelo, y a un estudiante de segundo curso de Arquitectura llamado Ibrahim las fuerzas de seguridad lo cogieron y lo torturaron hasta la muerte con picas eléctricas. El chico era de Hama. Muchos de los manifestantes eran de allí y habían perdido a sus padres en la masacre de 1982.

Además, en su facultad había un chico tan listo que todo el

mundo lo llamaba Pitágoras. Pues bien, ese chico desapareció y, cuando volvió, tenía todo el cuerpo vendado y la cara deformada. Y las autoridades borraron todas sus notas para que tuviera que repetir curso.

Pero las protestas no cesaron. Chicos y chicas que hasta entonces solo se interesaban por la música, la ropa, los estudios y los amigos se encontraban de pronto intentando derrocar a un dictador.

La universidad estaba dividida: la mitad de los profesores apoyaba la revolución y la otra mitad al régimen. El rector trató de proteger a los manifestantes y una semana después fue destituido y reemplazado por un defensor del régimen. Al final, todos los profesores que simpatizaban con la oposición fueron expulsados de sus puestos.

Pero también había división entre los estudiantes. La revolución dividió a todo el mundo. Chicos y chicas que eran amigos se denunciaban de pronto unos a otros. En la clase de Física de Nasrine eran solo dieciséis alumnos y estaban divididos en dos bandos, y luego estaban los kurdos, que formaban un bando propio porque no podían fiarse de nadie.

Aparte de manifestarse, algunos estudiantes trabajaban como voluntarios llevando provisiones a los manifestantes e informando a través de las redes sociales. Se montaron clínicas improvisadas para atender a los manifestantes, porque si acudían a los hospitales del gobierno corrían peligro de ser detenidos y asesinados. Era muy arriesgado. En junio apareció un coche quemado en Neirab, un barrio del este de Alepo. Dentro había tres cuerpos mutilados y carbonizados. Uno tenía una herida de bala, las manos atadas a la espalda y las piernas y los brazos rotos. Las víctimas resultaron ser tres estudiantes: Basel, Mus'ab y Hazem, dos alumnos de Medicina y uno de Lengua Inglesa que habían prestado primeros auxilios a manifestantes heridos y a los que el Servicio de Inteligencia de la Fuerza Aérea había detenido la semana anterior.

Aunque mi familia no me contara muchas cosas, una vez vi

unas fotos de un chico decapitado tirado en la calle, con un muñón sanguinolento donde debería haber estado la cabeza. Cuando el viento soplaba en la dirección correcta, me parecía oír el ruido de las protestas y los cánticos repetidos una y otra vez como un redoble de tambor. *Ayee* y *yaba* estaban siempre con el alma en vilo hasta que Bland y Nasrine llegaban a casa.

Las principales protestas tenían lugar al este de la ciudad. La zona oeste estaba férreamente controlada por el régimen. En las calles de Sheikh Maqsoud empezaron a aparecer personajes temibles. Eran los llamados *shabiha* («fantasmas»), criminales a los que el régimen pagaba como fuerzas paramilitares para detener a la gente que acudía a las protestas y hacernos sentir que había espías por todas partes.

Admirábamos a los revolucionarios y, al igual que ellos, queríamos que las cosas cambiasen, que dejara de gobernarnos una familia que llevaba más de cuarenta años en el poder, pero sobre todo queríamos seguir vivos. Mustafa dijo que la revolución era interesante para gente de entre diecisiete y veintiún años pero no para personas como él, que eran mayores y trabajaban para dar de comer a sus familias. También nos dijo que había personas en Kobane a las que habían dado dinero para que fueran a las manifestaciones. Nasrine tenía una canción revolucionaria en el teléfono y yo me acordé de lo que le había dicho a *yaba* acerca de quién cuidaría de mí si ellos morían, y me preocupaba pensar que quizá mis hermanos y hermanas se habrían implicado más si no hubieran tenido que pensar en mí. A veces, cuando pienso en aquella época, me gustaría haber sido mayor para poder participar e intentar cambiar las cosas. Lo único que podía hacer era escuchar las canciones de protesta. ¡Ni siquiera pude arrancar un cartel de El Asad!

Como había sucedido en otras partes del país, allí donde estallaba la revolución pronto le seguía la guerra. El Asad había redoblado las acciones militares y a principios de año había concentrado sus fuerzas en la ciudad de Homs como si a través de ella quisiera dar un escarmiento. Sus fuerzas arrojaban literalmente una lluvia de morteros y fuego de artillería sobre los bastiones rebeldes y bombardeaban edificios centenarios reduciéndolos a polvo, sin importarles que hubiera gente dentro. Mataron a niños y a periodistas extranjeros, y la ciudad quedó sometida a asedio, de modo que las familias que no consiguieron escapar quedaron atrapadas sin comida, agua ni medicinas.

Aunque el régimen logró finalmente expulsar a los rebeldes, muchos otros sirios se sintieron asqueados por los medios que había empleado para conseguirlo. Al igual que los estudiantes de Alepo, la gente sentía que no podía seguir callada. En lugar de acobardarse, muchas ciudades se unieron a la lucha.

Mustafa decía que El Asad estaba perdiendo grandes franjas de territorio mientras se concentraba en conservar el control sobre Damasco, Homs y las dos provincias de la costa mediterránea, y que los rebeldes estaban ocupando gran parte del campo. También dominaban los pasos fronterizos con Turquía e Irak. Pero el precio que habían tenido que pagar había sido muy alto: unas diez mil personas muertas. Mustafa nos contó que la gente estaba comprando soberanos de oro porque temía que la libra siria acabara no valiendo nada.

Yaba seguía pasando las cuentas de su rosario y decía que aquello iba de mal en peor. Mientras los frentes de batalla se estancaban, los rebeldes se hicieron con armas más efectivas, algunas confiscadas en cuarteles del ejército sirio y otras traídas de contrabando desde Turquía, Jordania y Líbano. La gente decía que estaban recibiendo financiación de Catar y Arabia Saudí, mientras que El Asad contaba con el apoyo de Rusia, China e Irán. Estaba claro que el resto del mundo no iba a pararle los pies.

Nuestra guerra empezó durante el Ramadán –el mes de ayuno, en el que todo el mundo está de mal humor–, en medio del calor y el polvo de julio de 2012. Fue muy repentino. Casi de la noche a la mañana, los rebeldes llegaron en tromba a Alepo desde el campo. Al principio avanzaron rápidamente, apoderándose de varios distritos del noreste, el sur y el oeste en cuestión de días. Nuestro barrio, Sheikh Maqsoud, estaba controlado por el YPG, la milicia kurda. Pero la ofensiva rebelde no fue decisiva y dejó la ciudad dividida. Los rebeldes controlaban el este y las fuerzas del régimen el oeste, y algunas zonas cambiaban de manos diariamente. Los combates alcanzaron muy pronto las puertas de la Ciudad Vieja.

Estábamos asustados. Con el ELS dentro de la ciudad, el régimen mandaría a sus tanques. Además, la gente desconfiaba un poco del ELS porque se le habían unido toda clase de grupos, incluidas bandas criminales. Mis hermanos mayores, Shiar y Farhad, que seguían lo que estaba pasando desde Europa a través de YouTube y Facebook, llamaban continuamente y les decían a mis padres: «¡Marchaos, dejad ese infierno de Alepo, es peligroso!».

En las calles que no estaban bajo control de los rebeldes, los *shabiha* hacían cundir el terror. La gente solía huir cuando llegaban ellos: de eso se trataba, precisamente. Algunos de nuestros vecinos contaban historias en voz baja (historias que supuestamente yo no podía oír) acerca de que violaban a las mujeres. Yo estaba muy preocupada por Nasrine.

La universidad estaba en una zona controlada por el régimen, pero se había convertido en foco de las protestas antigubernamentales y mucha gente buscaba refugio allí. A Nasrine le era imposible ir a clase porque para llegar tenía que cruzar el frente, así que se quedaba en casa.

Al alargarse los combates, empezó a preocuparnos que Bland fuera llamado a filas. De mis hermanos varones, solo Mustafa había hecho el servicio militar. Shiar y Farhad habían buscado asilo en el extranjero y Bland había ido posponiendo su incorporación al ejército debido a sus estudios. Con el estallido de la guerra, las tropas de El Asad no daban abasto para cubrir tantos frentes y empezaron a traer combatientes de su viejo aliado, Hezbolá, y a redoblar el reclutamiento obligatorio. Solo quienes tenían contactos y mucho dinero podían evitarlo. La televisión siria mostraba a los soldados como auténticos héroes, pero todos sabíamos que unirse al ejército de El Asad equivalía a tener que matar a mujeres y niños. Rezábamos para no convertirnos en sus víctimas.

El ruido no cesaba. Yo intentaba taparme los oídos y subir el volumen del televisor, pero nada podía sofocar el zumbido de los helicópteros del ejército que pasaban volando para bombardear zonas rebeldes, un zumbido al que seguía el tac-tac-tac de los disparos.

A veces estaba sola cuando empezaba aquel estruendo porque mi familia había salido a trabajar, a estudiar o a hacer la compra. En el quinto piso del número 19 de la calle George al Aswad, yo veía *Days of our lives* y procuraba no pensar en lo que pasaría si caía una bomba y el suelo se derrumbaba bajo mis pies. ¿De qué servirían entonces todos mis datos? Tenía tantas cosas que hacer, tantas cosas que aprender, que no quería morir. Aunque soy musulmana y creo en el destino, no quería marcharme antes de tiempo.

El Asad no podía permitirse perder Alepo, así que desplegó helicópteros y aviones de guerra que parecían abejas furiosas cuando volaban por encima de nuestras cabezas para ir a soltar su mortífera carga. Como había hecho en Homs, su idea parecía ser arrasar los barrios rebeldes mediante las bombas y el fuego de artillería, acordonar las ruinas y obligar a los insurgentes a rendirse.

Al principio las bombas caían lejos, pero luego empezaron a caer en Bustan al Basha, un barrio cercano al nuestro, controlado por el ELS. El YPG no había dejado entrar al ELS en nuestro barrio, pero todo el mundo decía que pronto ocuparían Sheikh Maqsoud y que entonces el régimen empezaría a bombardearnos también a nosotros.

¿Pueden los pájaros intuir un bombardeo? Eso parecía. Dejaban de cantar y el aire se volvía tenso y quieto, como si el tiempo se hubiera detenido. Luego empezaba a oírse aquel zumbido y comenzaban a pasar aviones, uno tras otro. Una vez vi un documental que decía que podía entrenarse a las abejas para que detectaran explosivos. ¿Verdad que es raro?

Cuando empezaban los ataques la gente corría a refugiarse en los sótanos, pero yo no podía, claro. Como mi familia no quería dejarme en casa, nos quedábamos todos en el quinto piso y a veces el edificio se sacudía y resonaban las ventanas, y todos intentaban poner cara de no tener miedo. Yo lloraba con frecuencia, pero a mí me estaba permitido llorar porque era más joven y estaba discapacitada.

Cuando por fin se marchaban los bombarderos, mis hermanos salían a la terraza, desde donde se veían las columnas de humo gris dejadas por las bombas. Yo fui una vez, y no volví. Era una sensación horrorosa saber que en aquellos sitios era casi seguro que había muerto gente, familias como la nuestra sepultadas bajo el cemento, y alegrarse al mismo tiempo de que no nos hubiera tocado a nosotros. ¿Está mal sentirse así? Yo confiaba en que las personas que tuvieran a Sriaa, la tortuga, estuvieran protegiéndola.

Pronto empezó a oírse también otro ruido: el de los martillazos. En nuestro bloque empezaron a marcharse algunos vecinos, que antes de irse clavaban planchas metálicas sobre sus puertas porque les preocupaba que entraran saqueadores. Los que tenían dinero y pasaporte se marchaban en avión, y otros viajaban por carretera a Damasco o al campo, o se iban al Líbano, donde mucha gente tenía familia y había campos de refugiados para los que no tenían a nadie.

Cada día se marchaba más y más gente. Shiar y Farhad seguían llamando y animaban a mis padres a marcharse, pero *yaba* temía que las carreteras de salida estuvieran bloqueadas. De todos nosotros, era a él a quien más le afectaban los bombardeos. Y sin embargo decía que lo que más miedo le daba no eran los ataques aéreos, sino los tanques del ejército que sin duda acabarían entrando en la ciudad.

Por fin mis padres accedieron a marcharse. El plan era volver a la Colina de los Extranjeros, en la horrible Manbij que había sido liberada por el ELS el 20 de julio: la primera ciudad importante en pasar a control de los rebeldes.

Recuerdo ese día: mi madre decía que pasaríamos la fiesta de Eid en nuestra vieja casa de Manbij porque era Ramadán y que luego volveríamos a Alepo, pero yo tenía la sensación de que lo decía solo para que lo oyera yo y que en realidad nunca volveríamos.

Pero ¿qué remedio nos quedaba? Los bombardeos se hicieron tan intensos que las tres noches anteriores a nuestra partida no pudimos pegar ojo, y yo pensé que de verdad podíamos morir.

No me gustaban las bombas, pero no quería volver a Manbij con los gatos y los perros. Lo último que comimos en Alepo fue *pizza*. Como estábamos en Ramadán, solo podíamos comer después de la puesta de sol (lo que nosotros llamamos *iftar*, el des-ayu-no). Yo no ayunaba (otra ventaja de mi discapacidad), pero el resto de mi familia sí. Comí *pizza* con champiñones, que era mi favorita. Mientras estábamos comiendo, llamó mi hermana Jamila y dijo: «¿Sabéis que un helicóptero acaba de bombardear Manbij? A lo mejor no es buen sitio para ir».

Yo me alegré porque pensé que mis padres cambiarían de idea y no tendría que ir a ese horrible lugar, pero no fue así.

Nos fuimos el viernes 27 de julio de 2012, el octavo día del Ramadán, mientras el régimen bombardeaba el barrio vecino. Yo no sabía entonces que nunca volvería a ver mi hogar. Lo último que hice antes de marcharnos fue ver las noticias deportivas en la tele. Luego me cepillé el pelo. No tapamos con una plancha metálica nuestra puerta de entrada. *Ayee* se limitó a regar las plantas, dejó las ventanas abiertas y cerró la puerta con llave. Yo no miré atrás.

Después me arrepentí de no haber dejado algo, alguna señal que alguien pudiera encontrar años después (una lista de mis diez genios favoritos, quizá, el primero de ellos Leonardo da Vinci) para que la gente supiera que allí había vivido una chica que no podía caminar pero que sabía un montón de cosas.

Mustafa lo había organizado todo para que un minibús nos llevara a mí, a Bland, a Nasrine y a mis padres. No había mucho espacio y todos fingíamos que era algo temporal, así que solo nos llevamos ropa, el ordenador portátil, unas cuantas fotos y los documentos importantes. Y por supuesto la tele.

Al salir de la ciudad vimos edificios derrumbados y convertidos en cascotes, casi como si se hubieran hecho migajas. Las carreteras estaban llenas de gente que se marchaba, centenares de personas. Parecía como si toda la ciudad de Alepo huyera aterrorizada al campo dejándose literalmente el desayuno sobre la mesa.

Tuvimos que pasar por varios controles, primero del régimen, a las afueras de la ciudad, y luego de los rebeldes. En los del régimen yo contenía la respiración porque me preocupaba que vieran a Bland y que descubrieran que no había hecho el servicio militar y se lo llevaran.

A causa de los controles y del tráfico que había, el trayecto de noventa kilómetros nos llevó tres horas en vez de la hora y media habitual. Pero salimos justo a tiempo. Mis tíos, que se marcharon al día siguiente, tardaron siete horas y media.

No sabíamos cómo sería Manbij bajo el control del ELS. Era una especie de experimento dentro de Siria. Al entrar en la ciudad vimos algunas pancartas que proclamaban *Libertad* y a un hombre con una camiseta del Che Guevara, pero aparte de eso todo parecía igual.

Nuestra casa estaba como siempre, con aquella familia de gatos blancos y anaranjados en la azotea y aquel árbol negro que me daba tanto miedo, así que no me alegré de volver. La banda de gatos se había multiplicado y al más grande le había crecido una especie de tumor en el cuello y daba aún más miedo. Era verano y en la casa hacía un calor espantoso, así que dormimos en la azotea. Lloré mucho aquella primera noche y le pedí a Dios que detuviera la guerra para que pudiéramos volver a casa. Lo único bueno era ver las estrellas otra vez. Las estrellas y la belleza del silencio. Eso era algo que ni siquiera El Asad podía estropear.

Mientras la luna del Ramadán iba agrandándose (tanto que se distinguían zonas claras y oscuras que eran sus mares y montañas), me acordé de todos los documentales que había visto sobre el espacio y los astronautas. «Me pregunto qué vio y sintió Neil Armstrong allá en la Luna», le dije a *ayee*. «Duérmete», gruñó ella.

Me costó dormir porque los mosquitos, a los que parecía encantarles el dulzor de mi piel (¡menos mal que por lo menos le gustaba a alguien!), no me dejaban tranquila. A la mañana siguiente estaba cubierta de picaduras y no podía parar de rascarme mientras veía en la tele la ceremonia de inauguración de las Olimpiadas de Londres. Me encantó ver a la reina. Hasta había un vídeo de ella con James Bond. Yo me pondría nerviosísima si la conociera.

Seguía enfadada por estar en Manbij. Pero la verdad es que teníamos suerte. A la semana siguiente de nuestra marcha, el régimen empezó a atacar Alepo con bombas de barril: literalmente, barriles llenos de metralla y productos químicos que lanzaban helicópteros desde gran altura y que al estallar producían heridas espantosas en kilómetros a la redonda, indiscriminadamente.

Gran parte de los combates se desarrollaban en torno a la Ciudad Vieja. Después de siglos de paz y turistas, las fuerzas gubernamentales habían convertido de nuevo la ciudadela en una fortaleza en funcionamiento. Utilizaban las murallas medievales como parapetos y las antiguas troneras para emplazar armas, y habían montado nidos de francotiradores en las torres y los espacios reservados a los antiguos cañones.

El zoco y los bazares techados pasaron a formar parte del frente. A mis hermanas les encantaba ir allí antes de la guerra, y me habían hablado de sus casi trece kilómetros de mágicas callejuelas

76

en las que podía comprarse de todo, desde el famoso jabón de Alepo a la más fina seda, disfrutar de los baños, tomar té o conversar en sus caravasares alicatados. Una vez le di a Nasrine todo el dinero que tenía ahorrado de las fiestas de Eid y los cumpleaños y me compró allí una cadena de oro que era la cosa más valiosa que yo tenía. Ahora, el zoco se había convertido en un lugar en el que los francotiradores rivales probaban sus armas y en el que caían proyectiles casi todas las tardes. En septiembre vimos en la tele que el antiguo zoco estaba ardiendo. Cientos de años de historia reducidos a cenizas.

A fines de 2012 daba la impresión de que la Batalla de Alepo no acabaría nunca. Era una guerra a gran escala en la que se enfrentaban por un lado El Asad y Hezbolá y por otro toda clase de grupos insurgentes, incluyendo bandas criminales y el Jabhat al Nusra (también conocido como Frente al Nusra), la rama siria de Al Qaeda. Los distintos barrios se habían convertido en feudos controlados por una u otra facción rebelde. El régimen estaba arrasando distritos enteros de la ciudad y la oposición había cortado casi todas las vías de abastecimiento.

Era preferible estar en el oeste del país, que se hallaba bajo control del régimen. Supimos por amigos y familiares que seguían allí que en las regiones del este no había combustible para cocinar y que la gente arrancaba las ramas y la corteza de los árboles de los parques. Para conseguir comida tenían que esperar en largas «colas del pan» que a veces eran bombardeadas, y había familias que rebuscaban sobras en los cubos de basura, como en los países pobres de África.

Había gente que creía que estaba a punto de llegar el Día del Juicio Final, como había vaticinado nuestro Profeta.

6

Una guerra propia

Manbij, verano de 2012

Yo estaba viendo un documental sobre el bombardeo de Dresde y *ayee* empezó a enfadarse. «¿Por qué estás siempre viendo esas viejas películas de guerra?», preguntó. «Ya tenemos nuestra propia guerra». «Y algún día, dentro de cincuenta o cien años, todo el mundo leerá sobre ella», contesté yo.

Me gustaba aprender cosas sobre las dos Guerras Mundiales, la Primera y la Segunda. Me costaba creer que Gavrilo Princip, el autor del atentado contra el archiduque Francisco Fernando que fue el detonante de la Gran Guerra, fuera un adolescente serbio de diecisiete años. ¡Gracias, Gavrilo, por sembrar el caos mundial!

En ese momento se fue la luz. Fue un fastidio, porque faltaba poco para que empezara la versión americana de *Masterchef*, que estaba muy emocionante porque uno de los concursantes era una chica ciega de origen vietnamita llamada Christine Ha y yo quería que ganara. ¿Cómo podía cocinar así siendo ciega?

Aquello me hizo pensar que la gente tiene que estar en el lugar oportuno y en el momento adecuado para destacar. Como Lionel Messi, aquel chico bajito del que todo el mundo se reía porque tenía un problema con la hormona del crecimiento y ahora es el mejor futbolista del mundo. Yo no estaba segura de estar en el lugar adecuado. Quizá, si hubiera estado en otra parte, podría haber sido como ese chico estadounidense de quince años que inventó un modo de detectar el cáncer de páncreas después de que un buen amigo suyo muriera de esa enfermedad. Yo quiero ser útil. Es horrible sentir que no haces nada. Pero creo firmemente que todos estamos en este mundo con un propósito. Lo que pasa es que yo aún no había encontrado el mío.

Desde el comienzo de la guerra había continuos cortes de luz. En Manbij las cosas no estaban tan mal como en otros sitios porque teníamos la presa muy cerca. Pero aun así había racionamiento y algunos días faltaba la luz y otros el agua. Nos acostumbramos a llenar de agua todos los cacharros cuando la había. Por las noches la calle estaba completamente a oscuras porque no funcionaban las farolas, y todas las casas estaban llenas de velas y linternas.

Cuando no había luz ni tele no había nada que hacer, como no fuera escuchar el ruido de la guerra. Yo lo oía todo, el tronar de los aviones y el tac-tac-tac de las ametralladoras.

«¿Por qué nos trajisteis aquí?», me quejaba casi todos los días. Habíamos huido de Alepo para escapar de la guerra y la guerra también había llegado a Manbij, de donde el régimen trataba de expulsar al ELS mediante bombardeos. El ELS había instalado su cuartel general en un instituto que había cerca de casa y aquella zona de la ciudad sufría continuos bombardeos. Me parecía absurdo lo que habíamos hecho.

Las siluetas de los aviones en el cielo se parecían a las de los bombarderos de la Segunda Guerra Mundial de las películas antiguas, y atacaban igual: los pilotos bajaban en picado antes de alcanzar su objetivo, soltaban sus bombas y volvían a subir bruscamente. Pero en la televisión estatal siria no decían nada sobre aquellos ataques.

La primera semana que pasamos en Manbij, un vecino nuestro que era idiota sacó su fusil y se puso a disparar contra los aviones desde la azotea de su casa, intentando derribar a alguno. «¿Estás loco?», le gritó mi madre. «Si el régimen te ve disparando, pensarán que aquí somos del ELS y nos matarán a todos». Mi madre podía dar mucho miedo cuando quería.

Nos convertimos en expertos en armamento. Distinguíamos, por el ruido que hacían, entre los cazas MiG-21, MiG-23 y los helicópteros de combate, y entre las bombas normales, las de racimo y los misiles. Bland siempre salía a mirar a la calle o a la azotea, y *yaba* le mandaba entrar a gritos.

Un día que Nasrine se había ido a ver a Jamila empezaron a caer bombas a eso de mediodía. Yo estaba viendo un documental fascinante titulado *La llegada a la Luna*, y cuando oí el zumbido del helicóptero allá arriba no me lo podía creer. Fue como si El Asad me estuviera desafiando o algo así.

Quería seguir viendo el documental pero cada vez había más ruido. Estaban bombardeando con misiles. Cada vez que caía uno sentíamos vibrar la habitación. *Ayee* y yo nos escondimos en el cuarto de baño porque era la habitación que tenía el techo más resistente, con una capa de cemento por encima del techo de adobe. Teníamos otro refugio debajo del umbral de cemento de la entrada, pero a mí me costaba mucho meterme dentro.

Estuvimos cuatro horas en el baño. Si alguno tenía que morir, quería ser yo quien muriera. Todos los demás tenían una utilidad concreta dentro de la familia. Yo, en cambio, no servía para nada, o eso me parecía.

Habían pasado el Ramadán y la fiesta de Eid y aún no habíamos vuelto a Alepo, como nos habían prometido mis padres. «¡Me engañaste!», le grité a *ayee* después de aquello. «No vamos a volver nunca, ¿verdad?».

Otra noche estábamos en casa, *yaba* rezando y *ayee* y yo sentadas sin hacer nada porque no había luz. Como no podíamos encender los ventiladores, teníamos abiertas todas las ventanas. De pronto llegó un avión y bombardeó la calle, justo detrás de nuestra casa. Tembló todo y se cayeron trozos de cemento y de adobe de la pared, y se rompieron todas las puertas y las ventanas.

«Bombas de racimo», dijo *ayee*. Yo estaba tan asustada que me tumbé de espaldas con la boca abierta, como si estuviera muerta, y mi madre se tumbó a mi lado y me abrazó. Luego otro avión empezó a rondar por allí, dando vueltas y más vueltas por encima de nosotros. Yo no podía soportarlo. «¡Vete, avión!», grité. «¡Vete, vete!».

Empezó a sonar el teléfono de *ayee*. Nasrine estaba mirando desde la azotea de Jamila y veía caer las bombas justo al lado de nuestra casa, así que estaba aterrorizada.

Por fin se fueron los aviones. Cuando volvió la luz encendí la tele y me puse a ver una serie turca que se titulaba *Samar* mientras *ayee* agarraba el cepillo y empezaba a barrer los cascotes y los cristales rotos.

Al día siguiente descubrimos que habían bombardeado un entierro en la calle de atrás y que había cinco personas muertas y decenas de heridos. Las explosiones habían sido tan fuertes que la pierna de una mujer salió volando y quedó prendida en un árbol. Nuestros vecinos nos contaron que otro vecino que era espía del gobierno había llamado para decir que había gente importante en el entierro. Pero no era verdad: era gente corriente, como nosotros, que intentaba seguir con su vida. Lo que al principio era un entierro se había convertido en cinco.

Pasado un tiempo nos acostumbramos tanto a los bombardeos que un día me di cuenta de que ya no me acordaba de cómo era la vida normal. A diferencia de Nasrine y Bland, que subían corriendo a la azotea, yo no quería ver los bombardeos porque sabía que dejarían una cicatriz en mi psique. Había visto documentales de psicología y no quería convertirme en una sociópata o en una asesina en serie. Pero a mis hermanos no parecían preocuparles esas cosas.

Nasrine hasta intentaba seguir con sus estudios y se empeñó en volver a la universidad a principios de 2013 para hacer un examen de Física. Estábamos muy preocupados porque habían bombardeado la universidad el primer día de los exámenes de enero. La noche anterior Nasrine rezó la oración del viajero, y tardó diecisiete horas en llegar a Alepo porque tuvo que dar un gran rodeo para evitar las líneas del frente. El minibús que la llevó lo conducía un voluntario que llamaba por anticipado para saber qué sitios había que evitar. Cuando por fin entraron en Alepo desde el este, por la calle Tariq al Bab, tuvieron que desviarse hacia el sur y desde allí al oeste para rodear la Ciudad Vieja, donde tenían lugar los principales combates. Aun así, al final Nasrine tuvo que cruzar el frente pasando primero por un control del ELS y luego por otro del régimen, con un corredor lleno de francotiradores en medio. Mientras cruzaba corriendo vio cuatro cadáveres tendidos en el suelo. Como nadie iba a recogerlos por culpa de los francotiradores, se los estaban comiendo los perros. Después de aquello no volvió a hablar de regresar a Alepo. Y, por cierto, nunca supo la nota de aquel examen.

Nadie sabía quién mandaba en realidad en Manbij. En el centro de la ciudad había un edificio, el Serai, donde antes estaban los juzgados, las oficinas del ayuntamiento y la policía. Pero los funcionarios y los policías del régimen se habían marchado o bien habían desertado para unirse a los insurgentes, y ahora había una cosa llamada Consejo Revolucionario, compuesto por ingenieros, clérigos, un farmacéutico, un agente de inteligencia que fumaba sin parar, un abogado, un fabricante de azulejos y un poeta que había estado quince años en la cárcel.

Algunas cosas estaban bien. Las tiendas estaban abiertas, incluso las que vendían oro, y se habían fundado dos periódicos independientes. Uno de ellos, llamado *Las calles de la libertad*, estaba lleno de noticias contrarias a El Asad y traía una tira cómica en la que llamaban al presidente «Bisho» o «Bebé Bachar». Nunca habíamos visto nada parecido.

Lo que no estaba tan bien era la cantidad de milicianos armados que patrullaban por la ciudad. Bland decía que había cuarenta y siete brigadas distintas. La principal la dirigía un comandante que se hacía llamar Príncipe y que conducía una camioneta Toyota Hilux blanca llena de hombres armados. Era un hombre bajito y con el cuello muy grueso que antes de la guerra había sido un delincuente de tres al cuarto y que se había hecho poderoso aprovechando el caos de la revolución, secuestrando a gente rica, quitándole su dinero y utilizándolo luego para comprar coches y armas para sus seguidores. Mustafa nos contó que había ido a ver al dueño de una gasolinera que almacenaba combustible y le había quitado veinte millones de liras turcas.

Las brigadas pintaban sus nombres en los laterales de sus camionetas, pero luego los tapaban con barro para camuflarse y que no les bombardearan los aviones del régimen. A veces luchaban entre sí y un día hubo un gran tiroteo entre dos facciones porque los de un grupo habían secuestrado a gente del otro. Por las noches, los vecinos se agrupaban para defender sus bloques de pisos.

El régimen de El Asad estaba furioso por haber perdido Manbij, claro, y daba la impresión de que, si no podía tenerlo, prefería que los rebeldes tampoco lo tuvieran, como niños destrozándose mutuamente los juguetes. Así que bombardeaban las tuberías del agua, los depósitos de grano y los edificios administrativos. ¡Somos personas, acordaos, no juguetes!

Los rebeldes no tenían nada con lo que defenderse de los ataques aéreos. Y tampoco tenían dinero para gobernar la ciudad. Supongo que en cuestiones de administración aquello era un auténtico caos porque no había gobierno municipal, así que, si querías divorciarte o casarte o si tenías un hijo, no había papeles y nada se registraba. Y tampoco funcionaban los colegios.

La gente se quejaba de que no había agua y de que ya no recibía su pensión. Además el régimen nos había cortado Internet, y era un verdadero fastidio porque era allí donde la gente como yo buscaba información. Si teníamos electricidad era únicamente porque estábamos muy cerca de un embalse que abastece de energía a gran parte de Siria y, si nos cortaban el suministro, los insurgentes podían volar toda la presa.

El combustible llegaba de contrabando pero era muy caro. En el bazar había gran cantidad de ropa y electrodomésticos que, según decían, procedía de los saqueos de las casas de la gente que había huido de Alepo, así que nunca comprábamos nada, aunque en casa vivíamos como de acampada porque nos lo habíamos dejado casi todo en Alepo. ¿Y si aparecían nuestras cosas en el bazar? Lo que más falta nos hacía era pan, y en las panaderías se formaban colas larguísimas para comprarlo.

Otro problema de la guerra es que nunca sabes qué puede pasarte. Un día, Nasrine y *ayee* fueron al bazar, a su tienda de ropa preferida, a buscar algo para una boda. Por el camino pasaron frente a otra tienda y Nasrine se fijó en una chaqueta larga que había en el escaparate. *Ayee* quería seguir pero, como Nasrine puede ser muy cabezota, entraron a que se la probara. Acababa de ponérsela cuando oyeron aviones y un instante después una explosión. Una bomba cayó en la tienda a la que se dirigían y murieron tres personas, incluida la propietaria. «Esa chaqueta me salvó la vida», contaba después mi hermana. Más tarde se enteró de que Evelin, una amiga suya del colegio, estaba comprando en la tienda cuando cayó la bomba y había perdido las dos piernas. Su marido resultó muerto en el bombardeo. Pero el problema no eran solo las bombas. Mustafa recorre unos dos mil kilómetros a la semana trayendo sus camiones, y contaba que antes de la revolución podías dormir en el desierto sin que nadie tocara o robara nada.

Ahora, decía, todo eso había cambiado. En los controles del ELS habían empezado a exigirle dinero —a veces miles de dólares— para dejarlos pasar a él y a su chófer. Para sortear los puestos de control empezó a viajar de noche y solo por carreteras secundarias, evitando las rutas principales. Pero no siempre bastaba con eso.

Poco después de que nos instaláramos en Manbij, unos miembros del Jabhat al Nusra le robaron veintiún mil dólares. Había comprado unos coches en Homs y cruzado todo el país con su chófer para venderlos en Kobane. Esa noche, cuando pararon para dormir, Mustafa se dio cuenta de que el chófer del camión hablaba mucho por teléfono. Al día siguiente el chófer le dijo que se había enterado de que había combates en la ruta que tenían previsto tomar, así que tendrían que ir por otro camino que atravesaba un pueblo cerca de Deir al Zour, en el este de Siria. Cuando llegaron allí, les salieron al paso cuatro coches con hombres armados que empezaron a dispararles y acusaron a Mustafa de trabajar para el PKK, la milicia kurda. Se llevaron todo el dinero que había ganado vendiendo los coches. Después de aquello Mustafa despidió al chófer, convencido de que estaba compinchado con los ladrones.

Otra vez, unos meses después, le robaron unos milicianos al entrar en un sitio llamado Al Hasakah, donde había combates entre dos aldeas. Unos hombres armados le dieron el alto y le preguntaron si era kurdo. Le dijeron que tenía que esperar a su «emir» y luego los llevaron a él y a su chófer a una escuela donde tenían retenidos a otros kurdos. Confiscaron sus vehículos (dos camiones Mercedes Benz) y le quitaron todo el dinero que llevaba encima, unos trescientos o cuatrocientos dólares, y los teléfonos móviles. Después, por fin, lo soltaron.

Mustafa no le contaba nada de esto a nuestro padre porque *yaba* le habría impedido ir a trabajar y dependíamos de él para que ganara dinero. Mi hermano siempre decía que la guerra era buena para el negocio porque, como estaba todo manga por hombro, no hacían falta permisos de importación y con tanta milicia había más demanda de vehículos. Pero su chófer pasaba tanto miedo que solía llevar una caja de cerveza en el camión. *Yaba* siempre le advertía: «No te vuelvas demasiado avaricioso o acabarás mal».

De pronto hubo una gran noticia en la familia. Quizá para que mis padres dejaran de hablarle del peligro que corría, a la edad de treinta y siete años y después de diez rechazando a todas las chicas que le proponía mi madre, Mustafa aceptó de repente casarse. La afortunada era una prima nuestra llamada Dozgeen que vivía en un pueblo cerca de Kobane. Por qué se decidió por ella y rechazó a las demás, nadie lo sabe. Yo me limité a dar gracias a Dios porque ya no tendría que seguir tapándome los oídos cada vez que se ponían a hablar del asunto. La única pega era que habría otra boda y que vendría un montón de gente a casa, y eso no me gustaba.

Cuando Mustafa y mi padre fueron a Kobane a conocer a la familia de la chica y acordar el matrimonio, el importe de la dote y todo eso, se encontraron con un control del ELS y el comandante les exigió dinero por dejarlos pasar. El hombre, que los conocía, aceptó mil quinientos dólares. Mustafa dijo que, de otro modo, quizá les habría pedido cinco mil. La verdad es que tuvieron suerte, porque mi hermano llevaba pulseras, anillos y collares de oro para la dote y, si el comandante lo hubiera descubierto, se habría quedado con todo.

En aquellos tiempos siempre estaba viniendo gente a casa, refugiados como nosotros que habían huido de Alepo o de otros lugares. Venían a tomar té y a comer pistachos, y cada cual contaba su historia de migración, de cómo habían huido. Yo tenía que apagar la tele cuando venían, y eso me fastidiaba. Pero si odiaba que viniera gente a casa no era solo por eso. Cuando se marchaban siempre lloraba y mi madre me preguntaba por qué. «Es como si cada cual hubiera abierto su propio canal de televisión y estuviera retransmitiendo noticias sobre desplazados», le dije. «No te disgustes», me contestó. «Lo más importante es que estamos juntos y no nos ha pasado nada».

Su hermana, la tía Shamsa, y el tío Bozan (cuya hija, Azmar, había estudiado Derecho con Nahda y luego se había casado con mi hermano Farhad en Inglaterra) también se habían marchado de Alepo y se habían instalado en la casa de al lado con sus hijos. El tío Bozan era comerciante de aceite de oliva y en Alepo eran ricos y tenían una casa muy bonita, pero lo habían abandonado todo, menos un coche muy bonito que tenían. «Lo único que quiero es que mis hijos estén a salvo», decía mi tía.

Un día, en marzo de 2013, el tío Bozan y su hijo Mohammed tuvieron que ir a Damasco a por unos documentos para que mi primo pudiera estudiar en el extranjero. Justo a la salida de Manbij los paró un grupo armado que los hizo salir del coche a punta de pistola. Cogieron a Mohammed y le dijeron a mi tío que lo soltarían si les pagaba dos millones de libras sirias.

El tío Bozan regresó a Manbij en un estado terrible. Las comunicaciones estaban cortadas y entre todos trataron de reunir el dinero. Luego, al tercer día, Nasrine abrió la puerta para ir a casa de la tía Shamsa, donde ya estaba mi hermana Jamila, y de pronto se puso a dar voces. El primo Mohammed venía andando por la calle. Dijo que el grupo armado lo había llevado a un sitio en el desierto entre Hama y Homs y que allí un *sheij* se había puesto furioso y les había dicho que lo soltaran.

A principios de 2013 las fuerzas de El Asad dieron otra vuelta de tuerca y empezaron a lanzar enormes misiles Scud rusos contra zonas residenciales de Alepo. Huyó aún más gente. Yo tenía la impresión de que ya no podía quedar nadie en la ciudad.

Cuesta imaginar la cantidad de nombres que reconocíamos en la lista de muertos, sobre todo Nasrine. Siempre estaba diciendo: «Ay, a esta o este lo conocía». Una vez se puso a llorar porque había caído un Scud en el bloque de Wedad, su mejor amiga de Alepo, y pensó que habría muerto. Su teléfono estuvo una eternidad sin dar señal y temimos lo peor. Por fin, al día siguiente, llamó Wedad. Ella había sobrevivido, pero el bloque estaba destruido y había muerto mucha gente.

Yo sabía que no íbamos a volver a Alepo. Cuando llevábamos unos seis meses en Manbij, mis padres volvieron a la ciudad a recoger nuestras cosas. *Yaba* no quería ir, pero las mujeres kurdas tenemos mucho carácter y Mustafa decía en broma que a mi padre le daba más miedo mi madre que la guerra. Cuando llegaron allí encontraron polvo y escombros por todas partes. Nuestro edificio era el único que seguía en pie. Todas las ventanas del bloque estaban rotas menos las nuestras, porque *ayee* las había dejado abiertas. Nos contaron que era como una ciudad fantasma.

Poco después, en abril, oímos que los aviones del régimen habían lanzado armas químicas contra Sheikh Maqsoud, botes que estallaban y hacían que la gente soltara espumarajos por la boca y que las pupilas se les hicieran tan pequeñitas como cabezas de alfiler. Entre los muertos había dos bebés.

En cierto modo me alegro de no haber vuelto, porque todavía tengo en mi cabeza la imagen de la hermosa ciudad que dejé atrás, no la de la Alepo arrasada que vieron mis padres y Nasrine. Mi hermana dice que ojalá no hubiera vuelto nunca.

La serie *Days of our lives* se convirtió en mi salvavidas. Era lo único que hacía que me olvidase de los bombardeos. La veía con auténtica pasión, y miraba con mala cara a cualquiera que se atreviera a hablar mientras estaba viéndola. La rivalidad entre los Brady y los DiMera me parecía más real que mi propia familia. A veces me ponía a gritarle a la pantalla.

Siempre veía la serie con subtítulos. Luego, un día, me di cuenta de que entendía una palabra en inglés. Esa palabra era *anything*, «cualquier cosa».

7

Lo que el viento se llevó

Manbij, 2013

Por si acaso alguien piensa que solo me interesa la tele, también me gusta leer libros. No tenía forma de conseguirlos por mis propios medios, claro, así que tenía que pedírselos prestados a Nasrine o sacarlos a escondidas de su estantería cuando ella no estaba. Justo antes de que nos fuéramos a Manbij, el hijastro de Jamila, que ya era mayor, le regaló *Lo que el viento se llevó* (he olvidado decir que el marido de Jamila tiene dos esposas, lo cual a mí me escandalizó un poco cuando me enteré, aunque mi abuelo tiene cuatro y está permitido en nuestra cultura).

Se convirtió en mi libro favorito. Margaret Mitchell es una escritora genial porque al principio piensas que va a pasar algo entre Scarlett O'Hara y Ashley, al que ella persigue, y luego, de pronto, aparece ese sinvergüenza de Rhett Butler y resulta que se convierte en el protagonista y que todo el argumento gira en torno a él y a su amor por Scarlett. ¡Es alucinante! Me encanta ese giro, que alguien sea el malo y que luego resulte ser el protagonista alrededor del cual se desarrolla toda la historia. Además, Scarlett intenta sobrevivir en medio de una guerra civil, igual que nosotros en Siria, y conservar su adorada casa.

91

Lo bueno de los libros era que podías leerlos a la luz de una linterna o de una vela, así que no importaba que no hubiera electricidad. Lo malo era que nunca había personajes en silla de ruedas. Bueno, solo en *Heidi*: su amiga rica, Clara, y al final Clara vuelve a caminar.

Aunque me encanta *Lo que el viento se llevó*, no me gustaría nada ser como Scarlett. Es preciosa, con esa cinturita de avispa, pero también presumida y caprichosa. No la culpo a ella por su conducta, era una cría sin experiencia y cuando quiso algo (en este caso, a Ashley) y no pudo conseguirlo, decidió buscar venganza para satisfacer su ego herido. Algunas personas creen que es una debilidad que las mujeres sigan el dictado de su corazón, pero personalmente me alegro de pertenecer al género que lo da todo sin esperar nada a cambio. En nuestra cultura, claro, los matrimonios no son por amor, así que no tenemos el problema de Scarlett. Nos casamos casi siempre entre primos para que las propiedades sigan dentro de la familia, aunque a mí a veces me preocupa quién va a querer casarse conmigo siendo discapacitada.

Más o menos en esa misma época Nasrine trajo a casa *El amor en los tiempos del cólera*, de Gabriel García Márquez, que a las dos nos encantó. Yo se lo quitaba de la estantería cada vez que salía. Ella se enfadaba, pero ¿qué podía hacer? Como decía antes, la discapacidad tiene sus ventajas.

Pasé mi catorce cumpleaños leyendo ese libro. Fue la primera vez que no hubo tarta y dulces en mi cumpleaños, pero como no me gustaba nada vivir en Manbij me negué a celebrarlo. Además, no me habría parecido bien celebrar un cumpleaños en medio de una guerra. Lo único bueno (aunque también me asustara) fue que por fin iba a conocer a mi hermano mayor, Shiar.

Había llamado unos días antes de Año Nuevo para decir que iba a volver a Siria para hacer una película. Yo estaba un poco nerviosa. ¿Y si no sentía por él lo que se suponía que tenía que sentir por un hermano? ¿Y si yo no le caía bien o le parecía rara? No estaba segura de que Shiar supiera que seguía sin poder caminar. Desde que nos habíamos ido de Alepo, no había vuelto a recibir tratamiento y mis piernas habían empeorado otra vez.

Además, nunca me había gustado que la casa se llenara de gente, y ahora vendrían más visitas a conocer al famoso director de cine.

En casa había mucho ajetreo. Mi madre y mis hermanas estaban muy atareadas haciendo preparativos. Mustafa se las arregló para comprar un pavo a pesar de la escasez de la guerra, y lo cocinamos el primer día, mientras esperábamos la llegada de Shiar. Yo intenté prepararme para el gran momento. Sobre todo, no quería emocionarme, no quería llorar. Pero fue Shiar quien lloró cuando entró por la puerta y me abrazó.

Pronto olvidé todas mis preocupaciones acerca de cómo debía comportarme delante de mi hermano mayor, que me miraba y me trataba como a un miembro más de la familia. Vino mucha gente a verlo y, cuando se marchaban, nos quedábamos levantados hasta las tres y media de la madrugada, charlando. Fueron días felices. Yo nunca había tenido a tres hermanos en casa. El único que faltaba era Farhad, que estaba muy lejos, en una ciudad inglesa llamada Sheffield, haciendo *pizzas*. Es a lo que se dedica, aunque estudió para ser dentista. Imaginábamos que Europa era muy rica, pero mi hermano hasta había tenido que vivir en la calle una temporada.

A Shiar le impresionaron mucho los bombardeos, y también le impresionó que estuviéramos tan acostumbrados a las bombas. «¿Cómo podéis vivir así?», preguntaba una y otra vez.

Había venido a rodar una nueva película titulada *La carretera de Alepo* y Bland iba a salir en ella. ¡Bland, una estrella de cine! Se iban por ahí en coche a buscar localizaciones y un día fueron a visitar la vieja escuela de Shiar en la zona oeste y luego al Centro

Cultural, adonde Shiar iba mucho de pequeño. Fue entonces cuando vieron por primera vez a la gente a la que luego empezamos a llamar Daesh. Eran unos ocho, vestidos con ropa negra y pasamontañas que les tapaban la cara, y tenían la calle bloqueada con sus camionetas. Habían pintado en la fachada del Centro Cultural las palabras *Estado Islámico*. Fue la primera vez que oímos hablar de ellos.

Al llegar la primavera aparecieron más. No sabíamos si eran lo mismo que el Jabhat al Nusra o eran otra cosa, pero en todo caso se parecían mucho, con sus largas barbas y sus pantalones cortos. El Príncipe y los otros comandantes desaparecieron y nuestros vecinos se alegraron de ello, porque no paraban de acosar a la gente.

Al principio, los hombres de negro se portaban bien con la gente. Una vez, Mustafa estaba comiendo en un restaurante cuando entraron varios de ellos y pagaron la comida de Mustafa y la de todos los clientes. Celebraban *dawa* (algo parecido a mítines públicos) en la plaza de la ciudad. Allí hablaban de la yihad contra el régimen de El Asad y hacían competiciones de tirar de la cuerda. Ofrecían servicios médicos y vendían el combustible más barato que en el mercado negro. Incluso organizaron un concurso de comer melones para los niños.

Luego empezaron a llegar más extranjeros mezclados con ellos, no solo árabes sino también negros y rubios. En la calle aparecían vallas publicitarias con extrañas consignas como ¡*Sí al imperio de la sharia en Manbij!* Empezaron a decir que los hombres debían obligar a sus esposas e hijas a cubrirse y a dar palizas a las mujeres que no llevaban velo. Montaron cárceles y detuvieron a mi primo por tener un tatuaje en la frente, porque decían que era como una mujer, y luego lo obligaron a ir a un cursillo de religión. Hacían lo mismo con cualquiera que llevara vaqueros. En cuanto a las mujeres, si mi madre y mis hermanas salían, tenían que vestirse completamente de negro. Rawan, la hija de Shiar, que había venido con él –la que no quería jugar conmigo cuando éramos pequeñas–, era completamente europea porque se había criado en Alemania, y de pronto tenía que cubrirse con un hiyab oscuro. Al principio le hizo gracia, pero cuando llegó el verano hacía muchísimo calor y costaba caminar si no estabas acostumbrada a esa ropa, así que se hartó.

Todo aquello nos desconcertaba y nos daba miedo. Un día, Nasrine estaba sacándome al coche de Mustafa cuando pasó por allí una camioneta y pensamos que era del Daesh. La camioneta dio media vuelta y vino hacia nosotras. Yo llevaba el pelo sin cubrir, como siempre, y a las dos se nos paró el corazón. «Hermana, hermana, ¿hay algún hombre con el que podamos hablar?», nos gritó uno de ellos. «Sí», contestó Nasrine y llamó a Bland. Resultó que eran del ELS y querían saber si necesitábamos una silla de ruedas. Les dijimos que no, aunque no teníamos ninguna.

Varios vecinos a los que conocíamos desde hacía veinte años y que al principio se habían unido al ELS, se pasaron al Daesh. Puede parecer extraño que la gente aceptara que aquellos forasteros les dijeran lo que tenían que hacer, pero Bland decía que el problema era que Manbij era una zona inculta y que la gente tenía miedo de que no se la considerara suficientemente islámica. «Puedes hacerles creer cualquier superstición, no hay más que decir *Allahu akbar* tres veces y los tienes en el bote», decía. Tenía razón: Manbij es un sitio muy atrasado en el que de todas formas las mujeres nunca habían tenido derechos. Unos años antes, cuando vivíamos allí, Nasrine y nuestra prima eran las únicas niñas que no se cubrían el pelo en el instituto.

En otro pueblo que se llamaba Al Dana, en el que el Estado Islámico había entrado más o menos al mismo tiempo que en Manbij, los vecinos se echaron a la calle en el mes de julio para protestar por la dureza de las leyes islámicas. Los del Daesh fusilaron a unas veinticinco personas, decapitaron a dos comandantes del ELS y pusieron sus cabezas junto a un cubo de basura en el centro del pueblo. ¿Cómo podía decir aquella gente que defendía el Islam? No hay religión en el mundo que te permita matar a gente inocente.

Más tarde nos dimos cuenta de que se habían trasladado a Manbij y a otras localidades como Al Bab o Yarabulus, en la frontera con Turquía, porque eran pasos fronterizos y a través de ellos podían traer a su gente, o bastiones estratégicos en la carretera hacia Raqqa, la ciudad que querían convertir en su cuartel general. Así que ahora no solo teníamos que preocuparnos por las bombas de El Asad, también nos acosaban fanáticos como los de Arabia Saudí.

Y El Asad iba de mal en peor. Estaba recibiendo ayuda de los iraníes para rechazar a los rebeldes. Incluso estaban trayendo a combatientes afganos como mercenarios. En agosto de 2013 empleó gas sarín en varios distritos de Damasco controlados por los insurgentes. Era otra vez como en Halabja en 1988. Recuerdo la fecha: fue el 21 de agosto. Yo estaba viendo mi serie en la tele. Cuando acabó, me puse a cambiar de canal y vi de repente todos esos cadáveres en Al Yazira. Era horroroso. Utilicé mi andador para ir al cuarto de baño y me metí en la ducha con ropa y todo. Cuando salí chorreando le pedí a Nasrine que me hiciera un café, que no me dejaban beber.

Para entonces Shiar había acabado de rodar su película y había vuelto a Alemania. Me contó el argumento y me preguntó qué opinaba. Trata de un hombre que vuelve de Alemania tratando de encontrar a su madre en Alepo y conoce a una fotógrafa que se ofrece a ayudarlo. Luego se encuentran con un pueblo bombardeado y, cuando intentan conseguir ayuda para las víctimas, acaban encarcelados por los insurgentes. «No me gusta porque no deja esperanza y tenemos que creer que la hay», le contesté. Empezó a llorar. Creo que fue un error decirle eso.

Cada vez había más conocidos nuestros que se iban del país. Algunos de nuestros primos y vecinos empezaron a decir que ojalá no hubiera estallado la revolución. Yo no estaba de acuerdo. «¿Seríais felices si os gobernara la décima generación de El Asad?», les preguntaba. «Yo creo que no».

Y sin embargo, en ciertos sentidos, la vida seguía como si no pasara nada. Más o menos en esa época fue la boda de mi hermano Mustafa. Como ya he dicho, odio que se casen mis hermanos. Mi episodio favorito de *Days of our lives* es el que los fans de la serie llaman «Boda negra». En él, EJ DiMera, mi personaje preferido (sí, el malo) se casa con Sami, de la familia rival de los Brady.

Por si acaso el lector no lo sabe, EJ es el hijo del personaje más malvado de la serie, el jefe mafioso Stefano DiMera. EJ es muy guapo y tiene acento británico porque estudió en un internado inglés (¡en Eton, como el príncipe Guillermo!), y después en Oxford. Luego se hizo piloto de carreras, pero su padre le obligó a regresar a Estados Unidos para que les hiciera la vida imposible a los Brady. Era evidente que EJ estaba dispuesto a hacer cualquier cosa por ganarse el cariño de su padre y formar parte de una familia por vez primera, pero también saltaba a la vista que en realidad Stefano le estaba utilizando y era incapaz de quererlo.

Para complacer a su padre –y enfurecer a los Brady–, EJ seduce a Sami Brady, que es la oveja negra de su familia. Ella acaba quedándose embarazada y se casan. Se supone que su boda va a poner fin al conflicto entre las dos familias, pero Lucas, el exmarido de Sami, le pega un tiro por la espalda al novio justo después de que se den el «sí, quiero».

A mí aquello me hacía mucha gracia porque pensaba que aquella serie no se parecía en nada a nuestras vidas, pero en nuestra sociedad también había *vendettas* entre familias –como la que nos obligó a dejar Kobane– y a menudo las resolvíamos mediante el matrimonio.

Entre nuestro pueblo es costumbre que se celebren las bodas disparando fusiles al aire. Yo no veía que hubiera nada que celebrar, porque una boda significaba perder a otro miembro de la familia. Mi madre intentó explicarme que esta vez iba a ganar una hermana: Dozgeen, la novia de Mustafa, que era solo unos años mayor que yo. Incluso vivirían en nuestra casa al principio, y nosotros iríamos a alojarnos con nuestros primos, en la casa de al lado. Pero yo no veía qué tenía eso de bueno.

Poco después trajeron a Dozgeen de Kobane. No tenía vestido de novia y tardó cuatro horas en llegar porque tuvieron que venir cruzando pueblecitos para evitar los combates. Cuando llegó, yo estaba tan cansada y tenía el estómago tan revuelto que solo quería que me dejaran en paz, pero aquel era un momento histórico para nuestra familia. La casa se llenó de invitados que se quedaron hasta muy tarde, bailando y comportándose como si no hubiera guerra ni Daesh, y yo tuve que sonreír todo el tiempo como si estuviera pasándolo en grande.

Pero mi madre tenía razón: Dozgeen era como una hermana. Al día siguiente de la boda se puso un vestido morado precioso y se sentó en una silla y yo empecé a interrogarla: «¿Cuál es tu color favorito? ¿Y tu película favorita? ¿Y la comida que más te gusta?».

Ella contestó a todas mis preguntas y luego me dijo que su madre le había aconsejado que fuera amable conmigo porque mi familia me quería muchísimo.

Estaba bien que hubiera alguien nuevo en casa porque había apagones cada dos por tres y yo no podía ver la tele, lo que era un fastidio porque cada mañana me levantaba ansiosa por ver qué nuevo giro daría la historia de amor entre EJ y Sami, o EJami, como los llamamos los fans.

Después de que a EJ le peguen un tiro, Sami se ve forzada a fingir que está enamorada de él para intentar que se recupere. Luego, cuando por fin se recupera, EJ tiene una aventura con Nicole, la archirrival de Sami, a la que también deja embarazada. Lo que hay entre EJ y Sami es básicamente una historia de amor explosiva en la que se pelean y se juntan y se vuelven a pelear y se mienten y se pelean otra vez. Y aunque EJ es malo y cruel también es frágil y necesita desesperadamente que lo quieran, y además su padre es tan malvado que acabas poniéndote de su parte.

Así que, además del estrés de los bombardeos y de la boda de Mustafa, yo tenía que enfrentarme a las peripecias de esta pareja indomable, y a veces creía que iba a volverme loca.

Además, me perdía episodios clave porque la serie la emitía la MBC4 de sábado a miércoles entre las 9:15 y las 10 de la mañana, y en Manbij había cortes de electricidad. Algunos días cortaban la luz a las seis de la mañana y volvía a las nueve, justo a tiempo de ver la serie, pero otros se iba a las siete y no volvía hasta las diez, y eso me ponía furiosa. Volvían a ponerla a las cuatro de la tarde, pero a esa hora el cuarto de estar solía llenarse de visitas que contaban noticias espantosas sobre gente que había huido al extranjero, o bien estaba mi padre con sus amigos hablando de la situación, así que también me perdía ese episodio. Cuando no podía ver la serie, sentía que no tenía a mis amigos a mi lado cuando más los necesitaba, aunque ellos ni siquiera supieran que yo existía.

Yo le decía a mi familia que no podía perderme la serie porque eran mis clases de inglés. Desde que descubrí que entendía la palabra *anything*, empecé a tratar de entender más palabras. Pronto me di cuenta de que conocía muchas y empecé a coleccionar expresiones y frases hechas. Me encantaba entender frases enteras. Otra ventaja de que hubiera venido Shiar era que con él podía practicar el inglés porque lo hablaba un poco. No conocía a nadie más que lo hablara.

Empecé a marcarme metas. Veía *Doctor Oz*, un programa sobre salud, para aprender términos médicos, pensando que tal vez algún día iría a un hospital extranjero a recibir tratamiento; *Masterchef* para aprender términos culinarios; *America's Got Talent* para conocer referencias culturales; documentales de naturaleza para aprender nombres de animales; y documentales históricos y científicos por si alguna vez iba a la universidad (¡aunque nunca hubiera ido al colegio!).

Pero mis clases de conversación general eran los episodios de *Days of our lives*. A veces aquellos personajes me parecían más reales que mis propios hermanos, a los que casi nunca veía. Estaba ansiosa por que su historia acabara como yo quería. Alguna vez tenía que haber un final feliz.

8

Perdóname, Siria

Manbij, julio-agosto de 2014

Al final, fue Shiar quien nos hizo abandonar Siria. Le había horrorizado que conviviéramos con las bombas y los yihadistas, y desde su vuelta a Alemania no paraba de insistir en que teníamos que marcharnos.

En la primavera y el verano de 2014, las cosas parecían haber tocado fondo. Primero nos enteramos de que había muerto el escritor Gabriel García Márquez, lo que nos apenó mucho a Nasrine y a mí. Luego, en *Days of our lives*, murió EJ. Sami y él se habían reconciliado por fin, y entonces a él lo mató su guardaespaldas, que era un traidor. Yo, que ya me imaginaba lo que iba a pasar, estaba muy satisfecha conmigo misma por haber adivinado las intenciones de los guionistas, pero aun así su ausencia dejó un gran hueco en mi vida.

Las fuerzas de El Asad abandonaron nuestra zona para concentrarse en la defensa de Damasco, y ahora los que luchaban contra el Daesh eran los milicianos kurdos del YPG. Los kurdos somos musulmanes pero no estamos obsesionados con la religión. Nos identificamos más con nuestra cultura popular. La gente empezó a llamar a nuestra zona «Rojava», el estado kurdo.

En enero, el Daesh estableció su cuartel general en la ciudad de Raqqa, a menos de ciento sesenta kilómetros de distancia. En Manbij eran cada vez más estrictos. Aparte de obligar a las mujeres a llevar el *niqab*, les decían a los hombres que tenían que ir a rezar a la mezquita cinco veces al día. Habían decapitado a un niño de catorce años acusado de violar a una señora mayor. Después, la madre del chico se murió de pena.

También prohibieron la música. Yo acababa de descubrir la música clásica y me encantaban la guitarra española del *Concierto de Aranjuez* de Rodrigo, y Andrea Bocelli cantando *Time to say goodbye*. La verdad es que me molestaba no haber descubierto antes aquella música, ¡y eso que creía que se me daba muy bien hacer descubrimientos!

En junio los yihadistas nos sorprendieron a todos tomando la ciudad kurda de Mosul, en el norte de Irak, y marchando hacia Bagdad. Publicaron un vídeo en el que se veía a su líder, Abu Bark al Baghdadi, dando un sermón desde la mezquita en el que proclamaba un califato que, según dijo, se extendería hasta España. «Es un deber para los musulmanes», afirmó. «Un deber que ha quedado olvidado durante siglos y que debemos restablecer mediante la lucha».

La verdad es que hacía mil años que no había califato. ¡Entérate, Baghdadi! Y si quieres que retrocedamos en el tiempo, deja tu Rolex. El caso es que la noticia salió en los informativos internacionales y de pronto en Occidente no se hablaba más que del Estado Islámico, como si acabaran de descubrir su existencia.

Un día Nasrine y Bland iban en coche, circulando por una rotonda, cuando vieron una cabeza clavada en una pica. Cada vez era más frecuente ver cosas así. Otro día llegaron unos hombres armados a casa de la tía Shamsa y el tío Bozan (los padres de ese primo mío al que secuestraron) y se pusieron a disparar al aire y a aporrear la puerta, quizá porque tenían dos buenos coches aparcados delante. No había nadie en casa, pero en cuanto volvieron mis tíos y se enteraron de lo que había pasado decidieron irse a vivir a Kobane.

Más adelante nos contaron una historia espantosa. La tía Shamsa nos dijo que su vecino, que también era kurdo, tenía una hija preciosa y que un día que el padre no estaba en casa llegaron unos militantes del Daesh con intención de llevársela. El hermano de la chica, que tenía trece años, intentó detenerlos pero lo mataron. Los milicianos volvieron un día después y dijeron que la chica tenía que casarse con su emir, que la prepararan para el día siguiente, que ellos irían a buscarla. Sus padres, que estaban aterrorizados, no tuvieron elección. Volvieron los hombres y se llevaron a la chica, y al cabo de una semana le permitieron pasar un día en casa. Su madre le preguntó: «¿Quién es tu marido? ¿Es un buen hombre?». La chica se echó a llorar. «¿Creéis que habéis dejado que me case con un solo hombre?», preguntó. «Todas las noches tengo a diez».

Nuestra familia se marchó al día siguiente.

Pero no nos marchamos todos. Mis padres se quedaron en Manbij para cuidar de la casa. Decían que nos seguirían muy pronto, pero yo me acordaba de las promesas de *ayee* al marcharnos de Alepo, cuando decía que regresaríamos después de la fiesta de Eid, y de aquello hacía ya dos años. En el fondo sabía que no querían abandonar Siria.

Lloré cuando nos dijimos adiós. Me abracé a *ayee*. Nunca me había separado de ella. Siempre dormíamos juntas.

Nos fuimos por la mañana, después de desayunar pan de torta untado con aceite de oliva aromatizado con orégano, zumaque y semillas de sésamo (nuestra versión de los sándwiches de mantequilla de cacahuete). Mustafa ya se había marchado a la ciudad turca de Gaziantep, donde vivían muchos sirios, para buscarnos un apartamento. El tío Ahmed iba a llevarnos en su coche porque tenía pasaporte y podía cruzar la frontera. Bland se sentó delante y Nasrine, yo y Dozgeen, la mujer de Mustafa —que ya parecía formar parte de la familia de toda la vida—, nos apretujamos en la parte de atrás. Llevábamos tantas cosas que apenas había sitio. Vestíamos todas burka. Hacía un día precioso y soleado y parecíamos una familia normal que salía de excursión.

El malvado gato blanco con una mancha naranja en el ojo y un tumor en la garganta nos observaba desde la azotea. Yo no lamentaba dejarlos. Eran como gatos del Daesh.

Se tardaba menos de una hora en llegar a la frontera. Al poco de salir nos adentramos en las suaves colinas verdes y los dorados campos de trigo más allá de los cuales se extiende Turquía. Teníamos pensado cruzar por Yarabulus, que está en la ribera oeste del Éufrates, también bajo control del Daesh.

Al acercarnos vimos ondear su bandera negra. Era la primera vez que yo la veía. No pude evitar acordarme de las noticias de enero, cuando hubo combates en Yarabulus y los comandantes del Daesh fusilaron a gente, decapitaron a los jefes rebeldes y ensartaron sus cabezas en picas en la plaza principal. Confiaba en no ver nada de aquello.

Un momento después tomamos una curva y vimos un control de carretera. Unos hombres vestidos de oscuro nos apuntaron con sus armas para que paráramos el coche. Daba miedo verlos con sus largas barbas, su pelo largo y sus pantalones cortos, apuntándonos con sus fusiles. Era como una película de acción.

Mi tío bajó las ventanillas. Sentí que hasta los pájaros dejaban de cantar. Los milicianos me señalaron.

«¿Por qué no lleva velo?», preguntaron. Su árabe nos sonaba muy extraño. Yo tenía tanto miedo que estaba temblando.

«Solo tiene doce años», contestó Bland, «y es minusválida».

Los hombres conferenciaron un rato entre sí. Luego uno de ellos se volvió hacia Bland. «Dile a la chica que de aquí en adelante se cubra la cabeza», le dijeron como si yo fuera sorda.

Nos dejaron pasar y seguimos viaje. Vimos una enorme bandera turca al otro lado de la frontera, roja, con su estrella y su media luna. En el puesto fronterizo había centenares de sirios, casi todos a pie, cargados con maletas y fardos. Fue entonces cuando me di cuenta de que éramos refugiados.

Mi tío, que al igual que Mustafa cruzaba con frecuencia la frontera para traer teléfonos para su tienda, conocía a uno de los funcionarios, así que no tuvimos que hacer cola. Decía que antes era muy fácil cruzar la frontera, que turcos y sirios iban de un lado a otro como si tal cosa, los turcos a comprar gasolina barata y cigarrillos y los sirios a comprar bienes de lujo, casi como si no hubiera frontera.

Eran los tiempos en que El Asad y el presidente turco Recep Erdogan eran amigos y aliados. Pero eso había cambiado. El Asad se había negado a escuchar a los representantes turcos que acudieron a Damasco al estallar la revolución para intentar convencerlo de que atendiera las demandas de los manifestantes y emprendiera reformas. Como El Asad hizo oídos sordos a sus ruegos, Erdogan permitió que el principal grupo de la oposición, el Consejo Nacional Sirio, organizara un movimiento en el exilio en Estambul y que el ELS tuviera campos de entrenamiento cerca de la frontera.

El tío Ahmed le dio a escondidas un fajo de billetes al funcionario de la frontera, pero su contacto le dijo que solo podíamos pasar él y yo. Bland nos dijo entonces que iba a hablar con no sé quién. Esperamos cuatro horas en el coche. Cada vez hacía más calor. Mientras esperábamos, le hice muchas preguntas al tío Ahmed, como por ejemplo por qué la bandera turca tiene una media luna y una estrella (me dijo que el primer gobernante otomano lo había visto en un sueño) y qué población tiene Turquía comparada con Siria (ochenta millones frente a los veintitrés de Siria; bueno, veintitrés millones antes de que se marchara todo el mundo). Había unos niños jugando allí cerca y nos dimos cuenta de que estaban haciendo como que se disparaban y se decapitaban unos a otros. ¿Qué le había pasado a nuestro país?

Cuando volvió, Bland nos dijo que no se podía cruzar por allí pero que había oído hablar de otro sitio donde sí se podía, así que Nasrine, Dozgeen y él cogieron un taxi hasta un pueblo llamado Arai, donde los contrabandistas te ayudaban a cruzar.

Pagaron cincuenta dólares cada uno y se unieron a un grupo de unos veinte refugiados. El contrabandista les dijo que caminaran un trecho hacia la valla fronteriza y que luego se escondieran en unos matorrales que había allí cerca. Después de una media hora de espera, les dio la señal de que podían cruzar. La frontera era una valla pequeña que se podía saltar fácilmente. Caminaron media hora más del otro lado, hasta un sitio donde los esperaba una furgoneta para llevarlos a reunirse con nosotros.

En Yarabulus, el tío Ahmed y yo cruzamos la frontera en coche sin problemas. Parecía una viaje muy corriente, pero para nosotros era un cambio trascendental. Alguien había pintado en una pared *Tu patria no es un hotel del que puedas irte si no te gusta el servicio*. Me corrían lágrimas por la cara. Costaba creer que Alepo estuviera solo a dos horas de viaje. No tenía amigos de los que despedirme y, aunque iba a estar con mis hermanos, me sentía muy triste. «Perdónanos, Siria», susurré.

Después de recoger a Bland, a Nasrine y a Dozgeen, que estaban acalorados y nerviosos después de su aventura, viajamos un buen rato por una carretera que corría paralela a la frontera. De vez en cuando veíamos grandes campos de tiendas blancas. Turquía había estado acogiendo refugiados a los que alojaba en campamentos a lo largo de la frontera. Al principio, la gente se había marchado con cuentagotas. Luego, el primer año, salieron diez mil personas, y ahora los refugiados se habían convertido en una auténtica marea humana. Antes que nosotros, habían cruzado la frontera medio millón o más. Se marchaba tanta gente que daba la impresión de que El Asad iba a quedarse en un país deshabitado, o solo con sus alauitas.

Los campamentos estaban llenos y vimos a personas durmiendo en la cuneta de la carretera, tapadas con ramas o sábanas. Me alegré de que tuviéramos un sitio donde ir.

Tardamos unas tres horas en llegar a Gaziantep. De pronto me sentía terriblemente cansada. Me hacía ilusión estar en un país nuevo y me sentía feliz por estar lejos de las bombas y del Daesh, era como si nos hubiéramos quitado un gran peso de encima, pero también echaba de menos a mis padres.

Entramos en Gaziantep cuando estaba anocheciendo. Era una ciudad enorme, con una fortaleza de piedra imponente, cerros cubiertos de casas de piedra en tonos de gris, rosa y ocre y mezquitas con brillantes medias lunas de oro en lo alto de los minaretes. Había luces por todas partes. Hacía mucho tiempo que no veíamos farolas encendidas. Era viernes por la noche y las calles estaban llenas de gente. Casi se nos salen los ojos de las órbitas al ver a las mujeres vestidas con vaqueros ceñidos y camisetas o minúsculas minifaldas, y a chicos y chicas juntos por la calle. Había calles llenas de tiendas de teléfonos móviles y pastelerías que vendían dulces de *baklava*, y restaurantes cuyas mesas invadían las aceras. Vimos cines, centros comerciales y familias en los parques. Cuando bajamos la ventanillas, olía a pistachos, a agua de rosas y a narguile. «Es como Alepo antes de la guerra», comentó Nasrine.

Nuestra nueva casa estaba en un barrio de las afueras llamado Jinderes, al norte de la ciudad, donde había más mujeres con caftán y pañuelo. Bland nos explicó que era una zona kurda. Muchos refugiados se alojaban en casa de familiares, pero nosotros teníamos la suerte de contar con el dinero de Mustafa y Shiar y habíamos alquilado un apartamento en un primer piso, en una calle principal, encima de un supermercado y con un puesto de kebab sirio unas

107

puertas más allá. Bland me subió en brazos por la escalera. Solo un piso esta vez, no cinco. El apartamento era luminoso y oreado, con una habitación grande llena de cojines en la que podíamos dormir todos y una tele, claro.

Yo empecé enseguida a buscar canales conocidos, como el National Geographic o la MBC4 para ver *Days of our lives*.

También teníamos Internet. Fue la primera vez que usé Google. Lo primero que busqué fue *Days of our lives*. Imaginaos mi asombro al descubrir que era la teleserie que llevaba más tiempo emitiéndose en Estados Unidos.

La primera noche, Nasrine y yo vimos una película titulada *Slumdog millionaire* sobre un concurso de preguntas y respuestas en la India. El pobre chico protagonista forma parte de una banda que se llama Los Tres Mosqueteros y está a una sola pregunta del gran premio. La pregunta es el nombre del tercer mosquetero, ¡y no lo sabe! Me di cuenta entonces de que yo no sabía los nombres de los actores que hacían de mis personajes favoritos, EJ y Sami. Y enseguida los busqué en Google.

Al final no tuve que esperar tanto para ver a mis padres. Solo quince días después de que nos marcháramos, mi madre cayó enferma en Manbij por una insuficiencia respiratoria. Mustafa, que estaba en casa, la llevó al hospital. Cuando llegaron estaba lleno de hombres barbudos de pelo largo, vestidos con sus uniformes negros, asustando a la gente. Solo dejaban entrar a personas que estuvieran muy graves, sobre todo a los heridos en los bombardeos. A *ayee* le costaba mucho respirar, pero le dijeron que no había médicos y que tenía que marcharse. Al día siguiente Mustafa trajo a mis padres a Gaziantep.

Estábamos otra vez todos juntos, aunque fuera en otro país. Y no había bombardeos. «¿Sabéis?, estos dos años en Manbij han sido como diez», reconoció *ayee* un par de días después.

Yo sabía, sin embargo, que Gaziantep no era el final de nuestro viaje. Shiar había hablado de Alemania.

No se lo dije a nadie, pero una noche, cuando estaban todos durmiendo, cogí el ordenador portátil de Shiar y busqué en Google «Alemania curas para parálisis cerebral».

SEGUNDA PARTE

EL VIAJE

Europa, agosto-septiembre de 2015

Para emigrar con éxito necesitas conocer las leyes. Tener ingenio, un smartphone y estar conectado a Facebook y WhatsApp. Y disponer de dinero. Lo ideal es saber un poco de inglés. Y, en mi caso, necesitas además una hermana que empuje tu silla de ruedas.

Nujeen

9

Amplía tus horizontes

Gaziantep, sábado 22 de agosto de 2015

No fue fácil decir adiós. La noche anterior *ayee* hizo mi cena favorita, un plato tradicional kurdo de pavo con bulgur y perejil, de sabor muy fuerte si no lo has comido antes. Nasrine contó nuestro dinero: tenía un monederito que se colgaba del cuello con trescientos dólares y mil trescientas liras turcas (durante el viaje cambiaríamos dinero para tener euros). Luego revisó nuestro equipaje. Había comprado una mochila gris que llevaba escrito *Touching air* y en la que metió una muda de ropa para las dos —camisa y pantalones vaqueros—, nuestros pijamas, ropa interior, los cepillos de dientes y un cargador para su móvil, que era lo más importante del equipaje. También llevábamos un andador para mí. Era un poco aparatoso de transportar, pero podía ser muy útil para ir al servicio. No parecía gran cosa para un viaje tan largo.

Mi padre, que siempre dice que la familia es lo más importante en la vida, lloró mucho. «Reza para que no nos pase nada, *yaba*», le dije. Yo no quería que viniera al aeropuerto porque sabía que iba a emocionarse y no me gusta que la gente llore.

Solo vinieron a despedirnos *ayee* y Mustafa. Antes de irnos, mi madre me quitó mi cadena de oro de Alepo, que era la única cosa de valor que yo tenía, porque habíamos oído contar que podía haber ladrones por el camino. Se la puso al cuello y empezó a llorar. «Pero bueno, si no me voy a Nueva York ni a Los Ángeles, solo me voy a Europa», le dije enfadada. Luego Nasrine empujó mi silla de ruedas, pasamos junto a un gran anuncio de Turkish Airlines que proclamaba *Amplía tus horizontes* y les dije adiós con la mano.

Yo no veía aquello como una despedida. Estaba segura de que volvería a verlos a todos muy pronto. Y además estaba ilusionada. ¡Yo, que había pasado tantos años sin apenas salir de nuestro apartamento del quinto piso en Alepo, iba a viajar a Alemania! Íbamos a cruzar Turquía en avión hasta Esmirna, luego cruzaríamos el mar y llegaríamos a Alemania para reunirnos con Bland, que se había marchado cuatro meses antes. Yo había buscado en Google «Dortmund», la ciudad donde vivía mi hermano, y estaba a algo menos de tres mil kilómetros a vuelo de pájaro (una expresión un poco rara si lo piensas bien, porque los pájaros no vuelan siempre en línea recta) y a unos tres mil setecientos por carretera.

Mis padres dijeron que eran demasiado mayores para hacer un viaje tan largo, y Mustafa tenía que seguir ganando dinero para pagar el alquiler de su casa y nuestro viaje. Así que solo iríamos Nasrine y yo. Y mi silla de ruedas, que una organización benéfica nos había cedido hacía poco.

Decidimos marcharnos porque en Gaziantep la vida se había detenido. Los turcos nos habían dejado entrar en su país, pero no nos querían allí. Antes éramos sirios orgullosos con una cultura milenaria. Ahora éramos refugiados. O sea, nada. Bland no podía trabajar, Nasrine no podía estudiar. La ventaja era que no había gatos ni perros callejeros, ni bombas, ni metralla, aunque nosotros nos sobresaltábamos cada vez que a alguien se le caía algo al suelo o que un coche petardeaba. La verdad es que los sirios vivíamos fatal en Turquía. Y encima nosotros éramos kurdos. Solo podías trabajar ilegalmente, y entonces estabas a merced de jefes turcos que se aprovechaban pagando salarios de miseria, y a veces nada.

Yo estaba bien porque me entretenía viendo la tele para mejorar mi inglés (no quería aprender turco porque me parecía un idioma horroroso) y recopilando datos en Internet. Es maravillosa esa sensación de tener información nueva, y Shiar me había prestado un ordenador portátil para que pudiera buscar lo que quisiera. Para mí era como descubrir un tesoro escondido. ¿Quién fue el creador de *Tom y Jerry*? ¿A cuánto asciende la fortuna de Mark Zuckerberg? ¿Cómo se le ocurrió a Stephenie Meyer la idea de los vampiros para escribir *Crepúsculo*? Pero, sobre todo, busqué información sobre James Scott y Alison Sweeney, los actores que hacían de EJ y Sami en *Days of our lives*.

También me obsesioné con la reina Victoria, que después de la muerte de su marido vistió de luto hasta el final de su vida, o sea, un montón de años, porque se quedó viuda a los cuarenta y dos y murió a los ochenta y uno.

Es curioso porque en las películas siempre parece muy agria, pero luego me enteré de que había escrito un montón de diarios que podían leerse en Internet, y leí algunos (¡no los ciento cuarenta y un volúmenes!) y resulta que no era así en absoluto. Alberto era primo suyo, alemán, y Victoria tuvo que pedirle en matrimonio porque la reina era ella. Lo que más me gustaba era que subió al trono siendo muy joven, con solo dieciocho años, y se casó a los veinte, pero no perdió su alegría juvenil y, aunque era la persona más poderosa del mundo, escribía en su diario acerca de que estaba locamente enamorada, como una adolescente, y de que a la mañana siguiente de su boda miró la «bella cara» de Alberto, y de cómo hablaban de ópera, de arquitectura y exposiciones. Detesto que las mujeres renuncien a su verdadera esencia. Tienes que hacer locuras, enamorarte, llorar con las películas y cantar bajo la lluvia, por poderosa que seas.

Cuando Alberto murió de fiebres tifoideas a la edad de cuarenta y dos años, Victoria escribió que tenía «el corazón roto». Nunca se recuperó del todo. Hasta entonces no se me había ocurrido pensar que a las reinas también pudiera partírseles el corazón.

Otro dato interesante: el primer nombre de Victoria era Alexandrina. Se lo pusieron por el nieto de Catalina la Grande, el zar Alejandro I, que derrotó a Napoleón y era un Romanov.

A nosotros también nos hacía falta una reina poderosa o un Romanov para resolver los problemas de Siria. Tal vez el lector no lo sepa, pero hace muchos años tuvimos una reina muy poderosa en Siria. Es la que sale en nuestros billetes de quinientas libras. Se llamaba Zenobia, descendía de Cleopatra y nació en Palmira en el siglo III. Al igual que Victoria, subió al trono siendo muy joven, cuando estaba en la veintena, y tuvo su propio imperio, el de Palmira. Era tan audaz que se atrevió a desafiar el poder de Roma, el mayor imperio del mundo, y conquistó Egipto y gran parte de la actual Turquía. Una mujer haciendo algo así… ¡El Daesh la detesta!

Llevábamos un año en Gaziantep, y la posibilidad de volver a Siria parecía cada vez más remota. El Daesh se estaba extendiendo como una plaga. Me niego a llamarlos «Estado Islámico», porque ¿quién dice que sean un estado? ¿Puedo fundar yo el estado de Nujeen? ¡Claro que no!

Justo después de que nos fuéramos de Manbij, en agosto de 2014, cercaron el monte Sinyar, de donde huyeron miles de yazidíes después de que los yihadistas masacraran a cientos de personas en las aldeas de los alrededores, incluyendo niños, diciéndoles que o se convertían o los decapitaban, y apresaran a centenares de mujeres para violarlas y esclavizarlas. Ver a aquel pueblo desesperado atrapado en la montaña sin comida ni agua por fin hizo reaccionar al mundo. Los Estados Unidos y Gran Bretaña ayudaron a las fuerzas iraquíes a evacuar a los yazidíes de la montaña y al mes siguiente los Estados Unidos y unos pocos países árabes como Jordania,

Emiratos Árabes Unidos y Baréin emprendieron ataques aéreos contra Siria.

Después de la masacre de Sinyar, el Daesh se dirigió a Kobane y, como todo el mundo pensó que harían lo mismo allí, la ciudad entera fue evacuada, incluidas nuestra hermana Jamila y gran parte de nuestra familia. Los combatientes kurdos del YPG se quedaron. Nosotros veíamos por YouTube las largas filas de gente junto a la valla fronteriza. Cargaban con sus pertenencias en bolsas y fardos y, como en las películas de guerra, parecían desesperados. También hablábamos por teléfono con gente que nos contaba que aquello parecía el Día del Juicio Final. Mi madre decía que había soñado que el Daesh tomaba la ciudad. Kobane era una ciudad kurda, siempre lo había sido, y era horroroso pensar que pudieran conquistarla los yihadistas. Yo no quería que hubiera otra fecha horrible que marcar en el calendario, como la de la masacre de Halabja. Los kurdos somos en verdad los huérfanos de este mundo. Como suelo hacer en situaciones críticas, para calmarme recurrí al Corán, a mi capítulo preferido, la sura de Yasin, que nosotros llamamos «el corazón del Corán» y que siempre me reconforta.

Empezaron a llegar familiares de Kobane, entre ellos la tía Shamsa y el tío Bozan, y pronto nuestro apartamento en Gaziantep estuvo lleno de gente: vinieron treinta y seis personas a casa. Como no teníamos cojines y mantas suficientes para todos, la primera noche la pasamos en vela, charlando, y era como estar otra vez en casa.

Pasaron casi cinco meses antes de que la gente pudiera retornar, en enero de 2015, cuando las fuerzas del YPG y los ataques aéreos de la coalición encabezada por Estados Unidos lograron expulsar al Daesh de Kobane. Los combates habían dejado la ciudad prácticamente arrasada, pero no nos importaba que solo quedaran migajas con tal de no estar bajo dominio del Daesh.

Pero lo peor llegó después, en febrero de 2015, cuando quemaron vivo a un piloto jordano al que habían derribado. Encerraron al pobre hombre en una jaula, le prendieron fuego y publicaron el vídeo. Y en mayo conquistaron la antiquísima ciudad de Palmira y decapitaron a un arqueólogo de ochenta y dos años al que todo el mundo llamaba Míster Palmira porque sabía más que nadie sobre las ruinas. Colgaron su cadáver boca abajo, con la cabeza en el suelo, a su lado, todavía con las gafas puestas. Luego empezaron a volar templos y tumbas de dos mil años de antigüedad y a destruir estatuas antiguas con martillos hidráulicos.

En cuanto a El Asad, había convocado elecciones y se había hecho reelegir por tercera vez para una legislatura de siete años. El régimen seguía con los bombardeos. Esta historia, por lo visto, no tiene ningún lado bueno.

Entre tanto seguían muriendo sirios atrapados entre dos fuegos. Cada familia tenía una tragedia que contar, y cada vez que sonaba el teléfono nos echábamos a temblar. El 25 de junio de 2015 recibimos una llamada espantosa. La tía Shamsa y el tío Bozan, que se habían trasladado a Turquía después de que Kobane fuera atacada, habían vuelto a Siria para asistir al entierro del suegro de su hija, mi prima Dilba. El hombre había muerto al estallar una mina después de que el Daesh fuera expulsado de Kobane. Mi madre les suplicó que no fueran, pero la tía Shamsa se empeñó, diciendo que aquella sería la última vez que pisaría Siria antes de partir hacia Europa.

El día del entierro, a primera hora de la mañana, hombres del Daesh que se habían afeitado la barba y vestían como milicianos del YPG –las Unidades de Defensa del Pueblo kurdas– entraron en el pueblo de Barkh Botan, en el límite sur de Kobane, y fueron casa por casa asesinando gente. Dejaron una sola persona viva de cada familia para que contara lo que había visto.

Luego hicieron estallar tres coches bomba a las afueras de Kobane y se pusieron a dar vueltas por la ciudad en coches blancos o a pie, matando a la gente que trataba de huir. Los francotiradores apostados en las azoteas disparaban a quienes intentaban recuperar los cadáveres de las calles.

Mis tíos oyeron las explosiones y el tiroteo y huyeron en su coche. Llamaron a su hijo Mohammed y le dijeron: «El Daesh está aquí y no sabemos dónde ir». Luego volvieron a llamarlo muy aliviados porque habían conseguido llegar a un puesto de control del YPG. Fue lo último que Mohammed supo de ellos. En realidad, los del puesto de control eran del Daesh y los mataron a tiros. Así, sin más. Fue el peor día de mi vida.

Esa noche fueron asesinados más de trescientos civiles. No era de extrañar que la gente siguiera huyendo de Siria. Al llegar agosto habían abandonado el país cuatro millones de personas y otros ocho millones habían dejado sus hogares. Es decir, el cuarenta por ciento de la población total. La mayoría, como nosotros, había emigrado a países vecinos como Líbano, Jordania o Turquía, pero esos sitios estaban llenos y la gente era consciente de que aquella situación se iba a prolongar mucho tiempo, de modo que unas trescientas cincuenta mil personas habían decidido marchar hacia Europa. Formaban una auténtica marea humana y, por lo que veíamos en la tele y oíamos en las noticias, daba la impresión de que la Unión Europea no daba abasto. Había tantos desplazados que el mes anterior a nuestra partida la UE recibió treinta y dos mil solicitudes de asilo.

Bland y Mustafa nos dijeron que si queríamos marcharnos tendríamos que hacerlo cuanto antes.

La manera más fácil era coger un avión con destino a algún país de la Unión Europea y solicitar asilo al aterrizar, pero no puede uno subirse a un vuelo internacional sin pasaporte o visado, y nosotras no teníamos ninguna de las dos cosas.

Así que solo nos quedaban dos opciones. Estaba la ruta mediterránea a través de Libia y luego cruzando el mar hasta Italia, pero era muy peligrosa. Habíamos envidiado a los libios cuando se libraron del coronel Gadafi en 2011, pero ahora el país estaba sumido en el caos: las distintas milicias luchaban entre sí y dos o tres grupos se habían repartido el territorio. Se decía que la policía arrestaba a los extranjeros y los encerraba en centros de detención donde recibían palizas y cogían enfermedades como la sarna y que, si conseguían salir y encontrar un traficante de personas, a menudo los metían en barcos maltrechos que se iban a pique. En un solo naufragio, en abril de 2015, se habían ahogado unas ochocientas personas. La alternativa menos arriesgada era la ruta balcánica desde Turquía hasta Grecia, que ya estaba en la Unión Europea, donde, por lo visto, debido al Acuerdo de Schengen no había controles fronterizos y podías pasar de un país a otro sin enseñar el pasaporte.

La travesía terrestre más sencilla era la que pasaba por Turquía y Grecia. Entre ambos países hay una frontera de unos doscientos kilómetros que discurre paralela a un río que se puede vadear, menos unos doce kilómetros en los que la raya fronteriza se aleja del curso del río. Pero los griegos estaban sumidos en una profunda crisis económica y lo último que querían era recibir más inmigrantes. De modo que en 2012 blindaron la frontera con una valla de alambre de espino de tres metros y medio de alto, cámaras de infrarrojos y guardias fronterizos. Así pues, la única ruta terrestre accesible era la que pasaba por Bulgaria, la que había tomado Bland.

Hay menos de ciento sesenta kilómetros entre Estambul y la frontera con Bulgaria, pero había un problema, y es que el último tramo discurría entre altas montañas cubiertas de bosque. La gente se perdía en ellas o moría congelada en invierno. Ahora era verano, pero no había forma de subir aquellas montañas en mi silla de ruedas. Además, con el aumento del número de refugiados, los guardias fronterizos búlgaros habían comenzado a agredir a la gente y a azuzar a sus perros para hacerlos retroceder.

Bland había pagado a un traficante de personas para hacer la travesía y aun así tuvo que intentarlo tres veces hasta que consiguió cruzar. Cuando por fin lo logró, lo detuvieron en un control de policía justo antes de llegar a Sofía y pasó dieciocho días en prisión, donde le robaron todo su dinero.

En realidad es ilegal encarcelar a solicitantes de asilo. La Convención de Naciones Unidas sobre los Refugiados permite a una persona que huye de un conflicto armado entrar en un país sin trámite alguno: solo cuando se le deniega el asilo puede ser encerrado en prisión. Pero varios países de la Unión Europea (Malta, Italia y Grecia) llevaban años contraviniendo esa ley y nadie hacía nada al respecto.

Las condiciones de vida en las cárceles búlgaras eran terribles, pero lo que más miedo le daba a Bland era que le tomaran las huellas dactilares. Todos los inmigrantes conocen el Protocolo de Dublín según el cual una persona debe solicitar el estatus de refugiado en el primer país de la Unión Europea al que llega. En cuanto tocas con los dedos el tampón de tinta y estampas tus huellas en un papel, quedas atrapado en ese país porque se entiende que has solicitado asilo allí, aunque sea sin saberlo, y debes quedarte hasta que las autoridades aprueben tu solicitud o te envíen de vuelta a tu país. Habíamos oído hablar de infinidad de personas que se veían atrapadas en un país en el que no querían estar y que tampoco las quería a ellas, esperando a que los engranajes de la burocracia siguieran lentamente su marcha.

Bland sabía que debía evitar aquello a toda costa, así que pagó un soborno para que no le tomaran las huellas y lo dejaran en libertad. Cogió un autobús hasta Sofía, donde estuvo tres noches alojado en casa de un amigo. Bulgaria es el país más pobre de la Unión Europea y no era para nada como la rica Europa que él había imaginado. No salía a la calle porque no quería acabar en un campo de refugiados búlgaro, donde según había oído contar las condiciones de vida eran espantosas: refugiados hacinados en naves atestadas que ni siquiera reunían las condiciones necesarias para que vivieran en ellas seres humanos, y donde escaseaba la comida y solo había agua fría para lavarse. Y si no te detenía la policía siempre estaba el riesgo de que te dieran una paliza los matones de los partidos ultraderechistas que exigían la expulsión de los inmigrantes.

Su amigo le puso en contacto con una banda mafiosa búlgara que le cobró otros mil trescientos euros (el euro es la divisa preferida de los traficantes, aunque algunos también aceptan dólares) por llevarlo a un lugar cerca de la frontera con Serbia donde estuvo tres días encerrado en un cuartucho. Luego, a las dos de la madrugada, lo despertaron y le hicieron subir junto con otros treinta refugiados a la parte de atrás de un camión de comida cerrado donde no veían nada y apenas podían respirar.

Justo cuando creían que iban a asfixiarse, el conductor paró, los dejó en un bosque y les dijo que la frontera estaba a dos horas de camino a pie. Un hombre con una máscara les sirvió de guía pero, en lugar de dos, pasaron quince horas caminando bajo la lluvia helada. Al llegar por fin a Serbia los dejaron en manos de los serbios, que los condujeron por carretera hasta Belgrado. Allí, metieron a Bland y a otros tres sirios en un tren con destino a un pueblecito llamado Horgos, cerca de la frontera con Hungría. Estaban empezando a relajarse cuando la policía serbia subió al tren y dijo que iba a mandarlos de vuelta a Bulgaria. Bland y sus compañeros de viaje estaban tan desesperados que pagaron otros cincuenta euros por barba para que los dejaran marchar.

Cuando llegaron a Horgos fueron al parque como les habían indicado, pero no había ni rastro del traficante que debía reunirse con ellos. Esperaron toda la noche en el parque, hasta las siete de la mañana, cuando por fin contestó al teléfono. Les dijo que se quedaran allí, que un coche iría a recogerlos, pero el coche no llegó hasta el día siguiente. Los llevó cerca de la frontera, donde la policía había sido sobornada para dejarlos pasar. Luego tuvieron que pagar otros mil quinientos euros para ir a Viena en minibús. Para entonces,

Bland desconfiaba tanto de todo el mundo que iba siguiendo su avance a través de Google Maps para asegurarse de que no los llevaban de vuelta a Bulgaria. Desde Viena tomó un tren a Alemania, donde por fin solicitó asilo.

El plan era que Bland consiguiera el permiso de residencia en Alemania y luego mandara a buscarnos mediante un procedimiento llamado «reagrupación familiar», por el cual si una persona consigue el asilo puede mandar a buscar al resto de su familia. Pero había tantos refugiados que mi hermano seguía esperando. Entre tanto, nosotros veíamos en la tele que salían del país auténticas riadas humanas y oíamos contar a muchos de nuestros amigos que el viaje ya no era tan difícil.

Nasrine estaba empeñada: decía que debíamos irnos enseguida, antes de que Europa cerrase sus puertas. Al final, la familia le dio la razón. Yo creía que no sería posible, pero cuando sucedió me puse contentísima. La cuestión era cómo lo haríamos. El viaje de Bland había costado más de seis mil euros y durado más de un mes, con largas caminatas incluidas. Eso no podíamos hacerlo Nasrine y yo, con mi silla de ruedas.

De todas formas la ruta búlgara estaba descartada. Al agudizarse la crisis, con la llegada masiva de refugiados, el gobierno búlgaro exigió a la UE que adoptara medidas a largo plazo. Los mandatarios de la UE celebraban continuamente cumbres y encuentros, pero lo único que hacían era hablar y quejarse de lo mal que estaban las cosas. Los búlgaros se hartaron y decidieron imitar a Grecia y levantar otra valla para cerrar el paso a los refugiados.

De modo que ya solo quedaba un camino: por mar, cruzando el Egeo hasta un isla griega como Lesbos, Samos, Cos o Quíos. Bland nos contó que conocía a mucha gente que había tomado aquella ruta. Y en el mapa no parecía tan lejos.

10

En busca de un traficante de personas

Esmirna, 22 de agosto-1 de septiembre de 2015

Cuando vi los asientos que nos habían tocado en el avión empecé a sacudir la cabeza violentamente. Fila 14, justo en el medio. Había visto muchos documentales acerca de accidentes y sabía que la parte más segura de un avión es la cola. Por eso es ahí donde guardan la caja negra donde queda registrada toda la información del vuelo. La parte más peligrosa es el centro del avión.

«¡No podemos sentarnos en el medio!», le susurré angustiada a Nasrine cuando el asistente de vuelo me depositó en el asiento y me abrochó el cinturón de seguridad. «No seas boba», contestó. «No podemos cambiarnos de sitio».

Los motores rugieron bajo nosotras y pasó una azafata con una cesta de caramelos. Mientras el avión avanzaba por la pista de Gaziantep me agarré con todas mis fuerzas a los brazos del asiento. Sabía por los documentales que la mayoría de los accidentes tienen lugar al despegar o al aterrizar. Cuando despegamos cerré los ojos y recé una plegaria. Se levantó el tren de aterrizaje y tuve la sensación de estar en la montaña rusa de un parque de atracciones (al menos, como yo me imaginaba que sería una montaña rusa). Aunque soñaba con morir en el espacio exterior, no quería morir por debajo de la línea de Kármán, en el límite de la atmósfera.

Cuando abrí los ojos vi que Nasrine también los había cerrado. Luego me enteré de que ella también había tenido miedo, ¡y eso que ni siquiera tenía un montón de datos sobre accidentes de aviación! Resulta que ni siquiera a alguien que estudia Física en la universidad y conoce las fuerzas de sustentación y arrastre le parece muy normal eso de que un enorme aparato se desplace a toda velocidad por el cielo.

Cuando despegamos sin estrellarnos y el avión se estabilizó me atreví a mirar por la ventanilla. Todo se veía pequeñísimo allá abajo. Las personas parecían hormiguitas. Y allá arriba, entre las nubes blancas y algodonosas, sentí por primera vez la emoción de montar en avión. El vuelo a Esmirna duró solo dos horas. Luego llegó el aterrizaje, otro momento crítico. Intenté no pensar en todos esos documentales. No nos estrellamos, pero sentí que me estallaban los oídos y luego estuve siglos sin oír nada.

Después de aterrizar me sentía terriblemente cansada y le dije a Nasrine que tenía *jet lag*, pero me contestó que era imposible porque no habíamos cruzado ninguna franja horaria. Cogimos un taxi y Nasrine se puso a llamar por teléfono. Algunos familiares nuestros ya estaban en Esmirna, entre ellos nuestra hermana mayor, Nahda, que se había trasladado allí el año anterior con su marido Mustafa y sus suegros (lo siento, ¡hay un montón de Mustafas en nuestra familia!).

El taxi nos llevó a un sitio llamado plaza Basmane, frente a una mezquita y una comisaría de policía. Había sirios por todas partes y gente vendiendo chalecos salvavidas de color naranja y cámaras de neumáticos negras. Mustafa vino a buscarnos al kiosco de prensa y nos llevó a una calle de por allí cerca en la que había personas sentadas en la acera o en mesas, formando grupitos, fumando y tomando té, jugando a las damas o simplemente esperando. Todos tenían mochilas a su lado, y algunos las habían metido en bolsas de basura negras para protegerlas del agua.

Paramos en un hotel destartalado en cuyo sótano, según nos explicó Mustafa, se alojaban nuestra hermana y otros familiares. Unos chicos me bajaron en vilo por los escalones de cemento. Aquel sitio era un desastre: estaba lleno de gente, de colchones y de envoltorios de galletas vacíos. Nahda estaba esperándonos junto con sus cuatro hijitas: desde Slav, la mayor, que tenía nueve años, a Helaz, que era una bebé y a la que no conocíamos aún. También estaban allí varios familiares de Mustafa que iban a viajar con nosotras. Mustafa se quedaría en Esmirna porque sus padres eran demasiado mayores para hacer la travesía, así que su sobrino Mohammed se encargaría de cuidar de Nahda (¡también tenemos muchos Mohammeds!).

Ellos ya llevaban allí dos noches. Alguien nos trajo unos bocadillos porque teníamos un hambre terrible y, mientras comíamos, uno de nuestros primos nos contó que la noche anterior había entrado un gato en el sótano. ¡Un gato! Me entró pánico. «¡Yo no pienso dormir aquí!», dije.

Estaba tan cansada y tan preocupada por el gato que no me di cuenta de que mucha gente de nuestro grupo se quedaba horrorizada al ver mi silla de ruedas. Nahda no se lo había contado a sus suegros, y no entendían cómo íbamos a subir la silla en la barca para hacer la travesía.

Hubo más llamadas de teléfono y por fin nos llevaron a la casa de un conocido, el tío Ismael. Eran solo las dos de la tarde, pero yo estaba tan agotada que me quedé dormida en el sofá sin decirle una palabra a nadie.

Cuando me desperté había allí un montón de gente desconocida. «Menudo lío me espera», pensé, porque sabía que iban a empezar a hacer preguntas sobre por qué estaba así, porque había nacido prematura y todo eso. Es lo que más odio cuando conozco a alguien.

No dije nada. Podía haber dado una conferencia sobre todas

las cosas que sé. Podría haberles dicho un montón de cosas porque, aunque físicamente no sea normal, había compensado esa deficiencia desarrollando el intelecto y aprendiendo cosas nuevas todos los días. Pero habría sido muy violento. Así que me quedé mirando el suelo y probablemente pensaron que era autista.

Luego empezaron a preguntarle a mi hermana por qué nos habíamos marchado de Siria estando yo así y cómo íbamos a hacer un viaje tan largo con una silla de ruedas. «No teníamos elección», les contestó Nasrine.

De conseguir el barco para ir a Grecia se estaba encargando el tío Ahmed, que nos había traído desde Manbij y también pensaba embarcarse con su esposa, la tía Shereen. Nuestros tres primos, Mohammed, Dilba y Helda, cuyos padres habían sido asesinados en Kobane, también vendrían, y Farmana, la mujer de Mohammed, y algunos otros primos con sus hijos pequeños. En total éramos diecinueve adultos y once niños (supongo que a mí, con dieciséis años, todavía se me consideraba una niña).

Creíamos que íbamos a estar en Esmirna muy pocos días, pero pronto nos dimos cuenta de que organizar el viaje iba a llevarnos más tiempo del que creíamos. Yo me alegré cuando nos trasladamos a un hotel, aunque tuviéramos que gastar parte del dinero que teníamos. Se llamaba Hotel Daria, que en kurdo significa «mar», y Nasrine y yo estábamos en la habitación 206, que es el número de huesos que tiene el cuerpo humano.

El hotel estaba muy cerca de la plaza Basmane, a la vuelta de la esquina, y todos los días nos pasábamos por allí. Todo el mundo parecía estar regateando por teléfono. Era como una agencia de viajes al aire libre, con refugiados que negociaban sus pasajes con traficantes o con intermediarios. Me quedé de piedra al enterarme de que algunos de los traficantes eran sirios, casi todos de una ciudad llamada Azaz, cuyo nombre se había hecho famoso.

ARRIBA, IZQUIERDA: Con mi hermano Bland, que ha estado presente en todos los acontecimientos importantes de mi vida.

ARRIBA, DERECHA: En nuestra casa de Manbij cuando tenía tres años (2002), con un vestidito blanco que *yaba* (mi padre) me trajo de regalo cuando volvió de su peregrinación a La Meca.

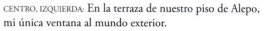

CENTRO, IZQUIERDA: En la terraza de nuestro piso de Alepo, mi única ventana al mundo exterior.

CENTRO, DERECHA: En las festividades del Noruz (2009), que el régimen nos obligaba a celebrar en una explanada pedregosa a las afueras de la ciudad.

ABAJO: *Yaba* (mi padre) y *ayee* (mi madre) con vestimenta tradicional kurda.

ARRIBA Y A LA IZQUIERDA: Mi madre y yo en un pícnic familiar junto a la presa del río Queiq (2009). En 2013 este río, que cruza Alepo, fue escenario de una horrenda masacre: aparecieron los cadáveres de 110 hombres ejecutados de un disparo en la cabeza.

IZQUIERDA: Aquí estoy en una barbacoa familiar a orillas del río Éufrates, en el Noruz de 2011, justo antes de que se desatara la revolución.

ABAJO: Tras una serie de operaciones, en 2010.

El presidente Bachar el Asad y su esposa Asma -nacida en Inglaterra- en 2003. Cuando ascendió al poder en 2000 tras la muerte de su padre, Hafez, teníamos grandes esperanzas. Pero muy pronto se vieron defraudadas.

LOUAI BESHARA/AFP/GETTY IMAGES

Alepo, con su antiquísima fortaleza al fondo.

RAMZI HAIDAR/AFP/GETTY IMAGES

La guerra ha reducido a escombros gran parte de la ciudad y obligado a huir a cientos de miles de personas.

GEORGE OURFALIAN/AFP/GETTY IMAGES

ARRIBA: Algunas de las mayores manifestaciones contra el régimen tuvieron lugar en julio de 2011 en la ciudad de Hama después de la oración del viernes y fueron brutalmente reprimidas. Hama había sido escenario de una masacre en 1987, cuando el régimen de Hafez el Assad reprimió un levantamiento matando a unas 10.000 personas.

IZQUIERDA: Los milicianos del Daesh comenzaron a llegar a Siria en 2014 y establecieron su capital en Raqqa.

ABAJO: Llegada a la playa de Lesbos tras la travesía en barca neumática desde Turquía, el 2 de septiembre de 2015.

Agentes de la policía croata subiéndome a un furgón policial. Nos aterrorizaba la idea de que nos tomaran las huellas dactilares y tuviéramos que pedir asilo en Croacia.

CENTRO: Hablando con el periodista de la BBC Fergal Keane en la frontera serbo-húngara. Le dije que quería ser astronauta.

ABAJO: En la frontera serbo-húngara, a la que llegamos justo después de que Hungría cerrara sus puertas a los refugiados, lo que nos obligó a buscar una ruta alternativa.

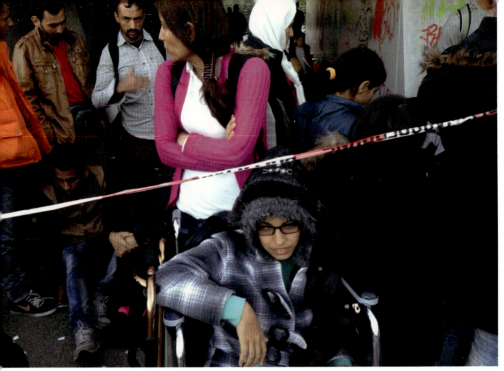

Por fin estábamos en Alemania, aunque tuvimos que esperar cinco horas en una cola para que un autobús nos trasladara a un centro de refugiados. Fue el día del cumpleaños de Nasrine, el 21 de septiembre de 2015.

Cansada, aburrida y con ganas de ver a mi hermano. En un centro de refugiados de Rosenheim (Alemania).

DERECHA: Casi al final de nuestro viaje, en el tren hacia Colonia.

CENTRO: ¡Por fin juntos! Con Bland y Nasrine en nuestro nuevo hogar en Wesseling.

ABAJO: Con Samantha Power, embajadora de Estados Unidos ante las Naciones Unidas. Berlín, junio de 2016.

ABAJO: La ciudad de Palmira, gobernada en la Antigüedad por la reina Zenobia, era un importante centro turístico antes del estallido de la guerra. El Daesh, que la ocupó en 2015, ha destruido gran parte de sus monumentos históricos, entre ellos el Arco del Triunfo, construido hace dos mil años.

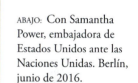

VALERY SHARIFULIN\TASS VIA GETTY IMAGES

En el zoo de Colonia, viendo animales que conocía por los documentales que veía a todas horas en Alepo.

Lourenço Anunciação

Jugando al baloncesto con mi nueva silla de ruedas. Alemania, junio de 2016.

Mi hermano Mustafa y mis padres en el exilio (Gaziantep, abril de 2016). Los echo muchísimo de menos.

Los que no hablaban de barcos, se dedicaban a comprar o vender chalecos salvavidas. Aparte de los montones que había en la plaza, se vendían en todas las tiendas de la zona, hasta en las zapaterías y en los puestos de kebab. En las tiendas de ropa se los colocaban a los maniquíes encima de los vestidos, como si fueran complementos.

El tío Ahmed nos llevó a comer a la planta de arriba del café Sinbad, que era el mejor sitio para obtener información y negociar los pasajes. Mi primo Mohammed me llevó en brazos, y hubo gente que nos miró mal porque ya he pasado la pubertad y no soy una niña. Comimos pan de torta y kebabs, pero la mayoría de la gente se limitaba a fumar y a beber té para ahorrar.

En la tele salía Angela Merkel, la canciller de Alemania, que era adonde intentábamos llegar casi todos porque su política de inmigración era más ventajosa para los refugiados. O, si no, a Dinamarca o Suecia. Había buenas noticias. Esa mañana a primera hora el gobierno alemán había anunciado que los sirios dejaban de estar sujetos al Protocolo de Dublín, de modo que nos aceptarían en Alemania aunque nos hubieran tomado las huellas dactilares en otro país.

Tiene gracia, porque después de ver tantos documentales de guerra yo siempre había considerado a los alemanes como los malos de la película, y ahora, de repente, eran nuestros salvadores. Puede que la señora Merkel estuviera intentando reparar el daño que había hecho Hitler en el pasado, o puede que fuera distinta porque había crecido en la Alemania del Este, detrás del Muro de Berlín, que se construyó cuando tenía siete años.

En el café Sinbad todo el mundo trataba de encontrar pasaje para Grecia. Algunos, como nosotros, habían llegado en coche y avión, y otros habían hecho todo el trayecto por carretera. Muchos contaban que habían vendido todo lo que tenían para llegar hasta allí, sus herencias y sus casas, o que habían pedido prestado el dinero. Un señor contaba que conocía a un hombre que había vendido un riñón para pagarse el viaje.

Algunos ya habían intentado cruzar. Conocimos a una familia que no lo había conseguido porque su bote iba tan sobrecargado que se hundió enseguida. Pero aun así iban a volver a intentarlo. «Una de dos: o te mata una bomba en Siria o te ahogas en el mar», decía el padre encogiéndose de hombros.

Aunque la travesía del Egeo era mucho más corta y mucho menos peligrosa que atravesar mar abierto entre Libia y Lampedusa, en lo que iba de año se habían ahogado ya cincuenta personas, como mínimo, intentando cruzar.

«En Siria no queda vida», comentó otra persona. «Es como estar en una casa en llamas. Saltar por la ventana es peligroso, pero ¿qué remedio te queda?».

El precio de la travesía solía ser de unos mil euros por persona, pero algunos decían que era mejor conseguir un bote de madera aunque fuera más caro. Nosotros intentábamos conseguir algún tipo de barco con motor, por mi silla de ruedas, que según decía todo el mundo pesaba demasiado para llevarla en una barca inflable (en fin, que siempre soy yo el estorbo). Mahmud, un primo de Mustafa, hasta dijo que no debería llevarla.

Mientras al tío Ahmed le recomendaban a uno u otro contrabandista, los demás fuimos a comprar chalecos salvavidas. Uno bueno costaba cincuenta euros. La gente del café nos había advertido de que no compráramos los más baratos, que eran de fabricación turca y costaban solo quince euros, porque el relleno era de espuma de embalar, que absorbe el agua y no flota. A las hijas de Nahda les hizo mucha ilusión probárselos, menos a una que se puso a llorar.

Aconsejados por algunas personas del café compramos también un paquete de globos de colores. Nos habían dicho que el mejor modo de proteger el teléfono —que era absolutamente esencial para nosotros— durante la travesía era enfundarlo en un globo.

Al volver al hotel cruzamos la plaza, donde la gente seguía hablando ansiosamente por teléfono. «¡Tenéis que decidiros ya, se agotan las plazas!», oímos decir a un hombre. «Nunca he perdido un pasajero», insistía otro.

Todas las tardes se formaban largas colas en la plaza cuando, a eso del anochecer, llegaban los autobuses que recogían a los que iban a embarcarse, como si se fueran de vacaciones.

Por si no bastaba con que mi silla de ruedas pesara demasiado para una lancha neumática y tuviéramos que buscar otra embarcación, Nasrine y yo estábamos retrasando a todo el mundo porque Shiar tenía que mandarnos la transferencia para el pasaje y el dinero no llegaba. Yo sabía que Mahmud y otros andaban diciendo que tendrían que marcharse sin nosotras.

Por fin llegó el dinero y el tío Ahmed llamó para decir que había encontrado un barco adecuado y que nos iríamos a la noche siguiente. Yo casi no me creía que por fin fuéramos a embarcarnos. No teníamos mucho que preparar, pero Nasrine volvió a ordenar nuestra mochila por entretenerse en algo y puso a cargar el móvil.

Al día siguiente no sonó el teléfono. Comprobábamos a cada rato si estaba encendido, aunque sabíamos que lo estaba. Luego llamó mi tío. Le dijo a Nasrine que el traficante había dejado de contestar al teléfono. Nos quedamos despiertas hasta muy tarde, pensando que en cualquier momento llegaría la llamada. Y nada. Cuando a las dos de la mañana el hombre seguía sin responder comprendimos que era mala señal.

Pasados dos días nos dimos cuenta de que el traficante había desaparecido y de que, como a tanta gente, nos habían estafado. El tío Ahmed había pagado una señal, no muy grande, por suerte.

Luego volvió a pasar lo mismo otra vez.

Esperamos y esperamos porque era difícil encontrar una embarcación como es debido. A finales de agosto empezamos a preocuparnos. Oímos decir que el mar se estaba volviendo loco, que las olas eran cada vez más grandes y que el agua estaba muy fría, y nos entró el pánico. Cuanto más tiempo tuviéramos que esperar, más peligrosa sería la travesía. Sabíamos que los demás pensaban que los estábamos retrasando. Al final, el tío Ahmed dijo que tendríamos que ir en una lancha inflable, pero que pagaríamos más para intentar que solo embarcara nuestra familia. Se decidió que, si la silla de ruedas daba problemas durante la travesía, nos desharíamos de ella. Nadie dijo nada sobre qué pasaría conmigo.

Esta vez, mi tío utilizó otro procedimiento. Para intentar evitar las estafas se había establecido un sistema en el que pagabas el importe del pasaje a un tercero y luego el dinero le era entregado al traficante una vez habías hecho la travesía sano y salvo. Esto se hace pagando a una «agencia de seguros» que te da un código numérico. Luego, cuando llegas a Grecia, llamas y das el código al agente para que recoja el dinero. Si pasan tres días sin que llame el pasajero, el traficante puede retirar el dinero. De esa manera se aseguran de cobrar aunque el pasajero se ahogue.

Nosotros tuvimos suerte, comparados con otros. Conocimos a una familia con un niño pequeño y una bebé de diez días que estaba durmiendo al raso, en la explanada delantera de la mezquita, porque lo habían perdido todo. Nos dijeron que eran de Daraa, donde había empezado la revolución, y que habían huido después de que su casa resultara destruida en un bombardeo. Se marcharon con tantas prisas que Rasha, la madre, dio a luz por el camino. Tardaron veinte días en llegar a Esmirna y luego le pagaron dos mil setecientos dólares a un traficante por cruzar a Grecia, y el traficante se esfumó con el dinero.

Como ya he dicho al hablar de mis principios, no me gusta creer que la gente sea mala por naturaleza, pero cuando conocí a los traficantes de personas empezaron a entrarme dudas. Aceptan dinero de inmigrantes que ya lo han perdido casi todo y luego los dejan en la ruina, convertidos en mendigos. Y luego están los que mandan a la gente al mar (incluidos niños pequeños) en barcas que no están en condiciones de navegar. No me gusta juzgar a nadie, pero ¿qué clase de persona manda a otra a una muerte segura y saca provecho de ello?

Aquello me hizo acordarme de la conversación que tuve con Nasrine en Alepo en 2006 cuando ejecutaron a Sadam Husein. Yo estaba confusa porque sentí lástima por él. A fin de cuentas, todos sabíamos lo que les hizo Sadam a los kurdos, y para nosotros era algo personal. Pero Nasrine me dijo que no tenía que avergonzarme por compadecerme de él, que lo que nosotros queríamos era justicia, no venganza, y que de todas formas no deberían haberlo ejecutado el día de la fiesta de Eid.

El Ramadán anterior a nuestra marcha de Turquía pusieron un programa en la tele acerca de cómo le fueron revelados al Profeta (la paz sea con él) algunos versículos del Corán. Estaba, por ejemplo, la historia del etíope al que el Profeta perdonó a pesar de que había matado con una lanza a su tío, Hamza el Valiente. El hombre se convirtió al Islam y más tarde empleó la misma lanza para matar a un falso profeta. Yo me alegré muchísimo de que el Corán apoyara mi punto de vista acerca de la bondad intrínseca del ser humano.

Pero los traficantes de personas pusieron a prueba esa creencia. Y además ganaban tantísimo dinero… Hice el cálculo: si la gente pagaba de media mil dólares y el traficante metía a sesenta personas en una barca, ganaba sesenta mil dólares por travesía. Incluso restando el coste de la embarcación y de las comisiones de los agentes y el autobús hasta la playa, debían de ganar como mínimo treinta mil dólares por viaje. Y en lo que iba de año habían cruzado a Grecia unas trescientas mil personas. ¡Eso eran millones de dólares!

En el café Sinbad veíamos los informativos de la CNN y Al Arabiya. Casi todas las noticias hablaban de la «crisis» de los refugiados y mostraban las riadas de gente que llegaban a las islas griegas y a Macedonia, Hungría y Austria, justo adonde íbamos nosotras.

El 31 de agosto vimos otra vez a la señora Merkel dando una rueda de prensa en la que pedía a la Unión Europea que cambiara de actitud. «Si Europa fracasa en la cuestión de los refugiados, no será la Europa que queremos», dijo. «Vivimos en circunstancias extremadamente ordenadas y estables», añadió. «La mayoría de nosotros no sabe lo que es el agotamiento absoluto unido al miedo».

Acabó diciendo: *Wir schaffen das*, «Podemos hacerlo». Me cae bien esa mujer. Quizá sea nuestra reina Zenobia.

Por fin, al día siguiente de aquello, cuando llevábamos diez días en Esmirna, llegó la llamada. El tío Ahmed había encontrado una barca para llevarnos a Lesbos. Era nuestro turno de zarpar.

11

La Ruta de la Muerte

De Behram a Lesbos, miércoles 2 de septiembre de 2015

Era más de medianoche cuando el autobús nos recogió en la plaza Basmane, donde llevábamos horas esperando con nuestros chalecos salvavidas y nuestras escasas pertenencias. Otros grupos ya habían partido, dejándonos allí. Por fin llegó nuestro autobús. Mi primo Mohammed me subió en brazos, y yo le dije a Nasrine que se asegurara de que los que se oponían a que lleváramos la silla de ruedas no la dejaban en tierra. Luego emprendimos el trayecto en plena noche, y la mayoría nos quedamos dormidos.

El autobús se detuvo de pronto con un chirrido de los neumáticos. Se abrieron las puertas y subieron unos gendarmes turcos con linternas encendidas, como en una de esas viejas películas en las que los nazis andaban a la caza de judíos. ¿Qué podíamos decir? Les dijimos la verdad, que éramos sirios que huíamos de la guerra. Nos dijeron que teníamos que volver por donde habíamos venido. El autobús dio media vuelta y emprendió el camino de regreso a Esmirna. Yo no me podía creer que fuéramos a volver después de tanta espera. Pero el conductor era un buen hombre. Pasados un par de kilómetros paró y nos dijo que saliéramos y que esperáramos un poco, que alguien vendría a recogernos. Eran las cinco de la mañana. El sitio donde nos había dejado era una fábrica de aceite de oliva abandonada. Nos apelotonamos junto a las paredes, tiritando en la penumbra del alba, lejos de la luz de las farolas, preocupados por si nos veían de nuevo los gendarmes. De pronto vi que Nahda estaba llorando. Una de sus hijas se había quedado en el autobús. Por suerte el conductor se dio cuenta y la trajo a los pocos minutos.

En cuanto salió el sol mi tío empezó a llamar al traficante, pero no contestaba. «¡Otra vez no!», exclamó. El resplandor del sol se estaba haciendo insoportable, y yo temía que otra vez nos hubieran timado y que estuviéramos atrapados en aquel círculo vicioso.

Por fin contestó el traficante y, después de nueve horas de espera, a eso de las dos de la tarde, vinieron cinco taxis a buscarnos. Nos llevaron por la carretera principal, la que daba al mar, dejaron atrás el desvío de Aso y pararon en la cuneta, junto a un olivar.

«¡Hala!», exclamé cuando me sacaron en brazos y me sentaron en mi silla. Dentro del taxi íbamos tan apretujados que no veíamos nada, y ahora, de pronto, vimos los campos verdes salpicados de rocas grises y los olivos retorcidos que bajaban hasta el mar de un azul chispeante. Miré a mi alrededor, maravillada. Justo a nuestra derecha había un acantilado en el que se alzaban lo que debían de ser las antiguas columnas de Aso y las ruinas de la escuela de filósofos de Aristóteles. Al otro lado del mar había una isla oscura y rocosa. «Eso es Grecia», dijo el tío Ahmed.

Nasrine marcó en su móvil las coordenadas del punto de embarque que nos habían dado y echamos a andar hacia el mar. Según Google Maps, estábamos a mil ochocientos metros de distancia, lo cual no era mucho, pero no podíamos tomar la carretera que bajaba zigzagueando hasta el mar por si acaso nos veía la policía, así que tuvimos que ir atravesando los olivares. La bajada era difícil y pedregosa, y Nasrine y uno de mis primos tuvieron que llevarme en vilo en mi silla casi todo el camino, porque por aquel terreno no había forma de que giraran las ruedas. Enseguida empezó a dolerme la espalda por el traqueteo, pero todo el mundo me decía: «Eres la reina Nujeen en su sillita». Me sentía como uno de esos monarcas de la Antigüedad a los que trasportaban en litera, como el rey Herodes en una película sobre José (al que nosotros llamamos Yusuf) que vi una vez.

Cuando llegamos a la orilla resultó que la playa no era de arena como yo imaginaba, así que tampoco podía moverme con la silla. Pensamos que estábamos en el lugar indicado porque por todas partes había pañales, ropa y medicamentos tirados, y chalecos salvavidas viejos, dejados por otros refugiados.

Pero resultó que estábamos en el punto de embarque de otro traficante. El nuestro estaba a menos de un kilómetro yendo por la playa, pero había un acantilado en medio y no había forma de rodearlo. Lo único que podíamos hacer era subir por la cuesta y bajar otra vez. Subir fue bastante difícil, pero bajar con mi silla era casi imposible porque las ruedas patinaban y las piedras se desprendían continuamente. Teníamos todos mucho calor y estábamos malhumorados. Había ya un grupo de gente esperando abajo y, como vieron que nos costaba bajar, vinieron seis chicos marroquíes a ayudarnos. No sé cómo, pero tenían una cuerda que usaron para atar la silla de ruedas y hacer una especie de polea.

Por fin conseguimos llegar abajo. Eran ya las cinco de la tarde y el mar brillaba iluminado por el sol poniente. Aquella playa también estaba llena de desperdicios, pero no nos importó. Nos sentíamos cansados pero felices por haber llegado. Zarparon algunas barcas, pero nos dijeron que la nuestra no saldría hasta por la mañana, así que tendríamos que dormir en el olivar. Pasamos otra noche de frío al raso. Yo nunca había oído el oleaje romper en la orilla y estuve escuchándolo y oyendo la brisa entre los árboles hasta que, con aquel runrún, acabé por quedarme dormida.

El traficante (que era un kurdo de Turquía; por eso confiábamos en él) llegó a la mañana siguiente con varias barcas metidas en cajas con la leyenda *Made in China*, para nosotros y los demás grupos que esperaban en la playa. Cuando inflaron la nuestra mi tío se enfadó muchísimo. Habíamos pagado un extra para que fuera nueva, pero estaba claro que no lo era porque tenía un gran parche en el fondo. Además, el motor fueraborda era solo de veinte caballos, en vez de treinta, como era habitual. El traficante se limitó a encogerse de hombros. ¿Qué podíamos hacer? No podíamos regresar a Esmirna y empezar de nuevo.

A las once de la mañana ya estaban las cuatro barcas hinchadas y todos listos y con los chalecos salvavidas puestos, pero el traficante dijo que estaba esperando a que se marcharan las lanchas de los guardacostas turcos.

Estuvimos casi todo el día esperando, sin más comida que terrones de azúcar y Nutella y nada que beber. Lo único que podíamos hacer era mirar el tramo de agua que teníamos que cruzar. Hartos de esperar, nos quitamos los chalecos. Por la tarde se levantó viento y las olas se hicieron más altas. Empecé a pensar que íbamos a morir en aquella playa. A eso de las cuatro y media de la tarde, el traficante nos dijo que volviéramos a ponernos los chalecos y que cada grupo tuviera listo a su piloto. En nuestro caso era el tío Ahmed, pero al parecer los otros grupos no sabían que las barcas no llevaban piloto y no habían elegido a nadie. Luego, a las cinco, los guardacostas cambiaron de turno y llegó el momento de zarpar. Nahda y su marido, Mustafa, se dijeron adiós porque él iba a quedarse en Turquía con sus padres.

Cuando los motores estuvieron colocados y las barcas en el agua, todo el mundo se metió en el mar para subir a bordo, algunos llevando en brazos a los niños más pequeños. De pronto me di cuenta de que yo era la única de nuestro grupo que quedaba en la orilla. Nasrine estaba tan ansiosa por marcharse que hasta ella había subido a bordo. «¿Y yo qué?», grité.

Nuestros amigos marroquíes, que no habían embarcado aún en su bote, me llevaron en brazos hasta la lancha con silla y todo y me subieron a bordo.

«Adiós, Turquía», dije cuando el tío Ahmed puso en marcha el motor.

Desde el mar, la isla parecía mucho más lejana. Nuestra barca era gris oscuro y muy pequeña. Aunque habíamos pagado un extra para ser solo treinta y ocho personas en vez de cincuenta, como las que se apretujaban en los botes que habían salido antes que el nuestro, éramos muchos más de los quince pasajeros que, según decía la caja, cabían como máximo en la barca. Llevábamos además mi silla de ruedas y nos sentíamos como sardinas en lata.

Era la primera vez que yo montaba en barca (como me pasaba con casi todo en aquel viaje) y me sentía como si tuviera seis años y no dieciséis. «¿Por qué estás nerviosa?», me preguntó Nasrine. «No estoy nerviosa», le dije. «Estoy emocionada porque para mí todo esto es nuevo». «No es emoción, es miedo», repuso ella. «No te asustes». Mi hermana siempre ocultaba su miedo porque sabía que todo lo que hacía me afectaba. Era ella quien conocía el mundo exterior, y yo siempre la tomaba como referencia para saber cómo debía comportarme.

Empecé a respirar hondo como aconsejaban en *Brain Games* y miré a la gente que llenaba la barca. Estábamos todos atontados porque llevábamos dos días sin dormir y expuestos al sol, prácticamente sin nada que beber. Mis tres primos, a cuyos padres habían asesinado, estaban tristes y callados. Mucha gente rezaba con los ojos cerrados. Nasrine estaba agazapada en el suelo, intentando sujetar mi silla para que no se moviera.

Nuestra hermana mayor, Nahda, no miraba el mar. Su bebé y sus tres hijitas lloraban sin parar, y estaba concentrada intentando calmarlas. Se sentía muy angustiada por haber decidido sacar a sus hijas del ambiente envenenado de la guerra para llevarlas a un lugar en el que pudieran tener una vida normal e ir al colegio, pero de pronto le parecía una enorme responsabilidad para una mujer de treinta y tres años que además estaba sola, y se preguntaba si había hecho bien.

El tío Ahmed estaba muy ceñudo, tratando de gobernar la barca. Había pasado los dos últimos días en el hotel de Esmirna viendo vídeos en YouTube sobre cómo pilotarla. Al principio revolucionó demasiado el motor y salimos disparados. Luego zigzagueó un poco mientras intentaba corregir el rumbo. «¡Cuidado!», gritó la tía Shereen cuando chocamos de frente contra una ola y el agua entró por los costados. El mar estaba mucho menos tranquilo que unas horas antes y las olas eran muy altas. Al principio era agradable sentir las salpicaduras después de haber pasado todo el día al sol. Por fin mi camiseta de *Young forever love*, que no me quitaba desde hacía varios días, iba a lavarse un poco. Pero cuando las olas empezaron a zarandearnos, subiéndonos y bajándonos, algunos de mis primos se pusieron a vomitar, y otros lloraban y gritaban: «¡Ay, Dios!».

En cierto momento una ola levantó la barca por un lado y mi tía perdió el bolso en el que llevaba todos sus objetos de valor. La barca parecía muy hundida. Mis primos utilizaron sus zapatos para achicar el agua del fondo. A veces la gente arrojaba cosas por la borda, pero nosotros no llevábamos casi nada. «No deberíamos haber traído la silla de ruedas», comentó Mahmud.

Yo sabía que tenía que estar preocupada: era consciente de que el mar podía convertirse en nuestra tumba. Y además no sabía nadar, claro. Nunca había estado en el agua. Ninguno de nosotros sabía nadar. Y sin embargo allí sentada, en mi silla, más alta que los demás, me sentía como Poseidón, el dios del mar, en su carro. Me imaginaba al hipocampo, ese animal medio caballo medio pez, tirando del carro, y fantaseaba con que veía entre la bruma a las Nereidas, las hijas de Poseidón, montadas en el caballo-pez, agitando sus largas cabelleras y riéndose al viento.

Sonreí al pensarlo. «¡Mira qué bonito es, Nahda!», grité mientras las olas nos zarandeaban. Me reía cada vez que nos embestía una ola, a pesar de que estábamos todos empapados. «Tú necesitas un psiquiatra. Mira que ponerte a reír», refunfuñó alguien. La verdad es que yo también iba rezando, aunque fuera para mis adentros.

Estábamos tan concentrados en nuestra barca que no nos fijamos en lo que les pasaba a las otras tres que zarparon al mismo tiempo que la nuestra. Pero Mustafa, que había trepado hasta lo alto del acantilado para seguir nuestro viaje con prismáticos e informar a nuestros padres, se quedó horrorizado. Vio cómo el oleaje volcaba la primera barca al poco rato de zarpar. La nuestra fue la segunda. La tercera volcó cerca de la isla y sus ocupantes pudieron llegar a nado. Y a la cuarta la detuvo la guardia costera turca. Mustafa, que estaba hablando por teléfono con mi padre, se echó a llorar porque no sabía si era la nuestra. La verdad es que nosotros tuvimos más suerte porque éramos menos que en las otras barcas y los tutoriales que había visto el tío Ahmed en YouTube resultaron muy útiles. Avanzó en contra del oleaje en vez de a su favor, y nos hizo sentarnos del lado en que daban las olas para lastrar la barca.

Pasado un rato cayó la niebla y dejamos de ver la isla. Yo confiaba en que fuéramos por el buen camino. Mahmud seguía mirando mi silla de ruedas. Habíamos acordado que si ponía en peligro la barca la arrojaríamos al mar, pero yo estaba segura de que Mahmud no sería capaz de algo así.

Yo vigilaba por si veía venir a los piratas o a los guardacostas turcos, pero en el mar solo parecía haber refugiados. Todos los días cruzaban cientos de personas, y no muy lejos de nosotros venían otras dos lanchas. Yo no me daba cuenta de lo cerca que estaba la muerte. Mi silla de ruedas podría haber hecho una raja en la barca y habríamos naufragado. O una ola grande podría habernos hecho volcar en cualquier momento.

Fue lo que le pasó a otra familia siria que intentó cruzar ese mismo día. Entonces no lo sabíamos, pero aquel mismo día, más temprano, una lancha como la nuestra había zarpado un poco más al sur, desde la península de Bodrum, rumbo a la isla de Cos, con el mar revuelto. Dentro iban dieciséis sirios, entre ellos un barbero llamado Abdullah Kurdi con su esposa Rehanna y sus dos hijos pequeños: Ghalib, de cinco años, y Aylan, de tres. Eran kurdos de Kobane como nosotros y confiaban en empezar una nueva vida en Alemania.

Aunque la travesía a Cos es corta, de apenas seis kilómetros y medio (frente a los doce kilómetros que hay entre Behram y Lesbos), más al sur el mar es más abierto y cuando llevaban una hora rebotando sobre las olas vino una grande y volcó la lancha sin previo aviso, arrojándolos a todos al mar. Abdullah trató de aferrarse a sus hijos y su mujer, pero las olas se los fue arrebatando uno tras otro. Estuvo tres horas en el agua, buscándolos frenéticamente, pero no los encontró. Se ahogaron once pasajeros, cinco de ellos niños.

Al día siguiente la fotografía del pequeño Aylan Kurdi tendido boca abajo en una playa turca, con su camisetita roja y sus bermudas azules, dio la vuelta al mundo. Cuando la vi después en Facebook pensé que podría haber sido yo. Tuve que apagar el teléfono y respirar hondo mientras me decía para mis adentros: «Es un niño inocente, está en el Cielo, ya es feliz».

Cuando hablé de ello con mis hermanas estuvimos todas de acuerdo: si nos hubiéramos enterado de aquello antes de zarpar, habríamos vuelto a Gaziantep.

Para una persona normal, el transbordador entre el oeste de Turquía y Mitilene, la capital de Lesbos, cuesta diez euros y tarda una hora y media en llegar. A nosotros, como refugiados, el mismo trayecto nos costó doce días y mil quinientos dólares por cabeza.

Llevábamos tres horas y media en el mar y se estaba poniendo el sol. Estábamos empezando a tiritar cuando de pronto apareció la isla ante nosotros como una gigantesca roca negra. Al poco rato distinguimos a la gente que esperaba en la orilla. «¿Alguno habla inglés?», oímos gritar a alguien. «¡Yo!», contesté. Todos me miraron. Aquel fue un punto de inflexión en mi vida, incluso más que cuando Nasrine me dijo que no tenía que sentirme mal porque me diera pena que hubieran ejecutado a Sadam. Fue la primera vez que hablé en inglés con alguien que lo manejara con fluidez.

12

Libre como una persona normal

Lesbos, del 2 al 9 de septiembre de 2015

Parecía que nos habíamos dado una ducha de agua salada. La barca inflable chocó contra las rocas de la orilla, donde nos esperaban caras amistosas y manos tendidas con toallas, botellas de agua y galletas. Algunos de mis familiares estaban tan aturdidos que no podían salir por sus propios medios y los voluntarios se metieron en el agua para ayudarnos. Se sorprendieron al ver mi silla de ruedas y cargaron conmigo hasta la playa. «Eres la primera refugiada que vemos en silla de ruedas», me dijeron.

Mi tía Shereen besó el suelo y se puso a rezar. Otros se abrazaban entre sí o abrazaban a los voluntarios. Nahda lloraba. Algunos simplemente echaron a andar por la playa. Uno de mis primos se acordó de sacar una navaja para pinchar la barca porque el traficante nos había dicho que, si todavía se podía navegar en ella, quizá los griegos nos mandaran de vuelta. El motor se lo llevó un pescador.

La persona que había preguntado si alguien hablaba inglés era un fotoperiodista español. Me preguntó qué tal había sido el viaje.

—Yo lo he disfrutado porque no creo que vuelva a tener una oportunidad así —contesté.

—¿Era la primera vez que veías el mar? —me preguntó.

—Sí, y me parece precioso —dije sonriendo.

—¿Qué esperas de Europa? —fue su última pregunta.

Me quedé pensando un momento porque era una pregunta importante.

—Espero ser libre como una persona normal —respondí.

Habíamos tocado tierra en un sitio llamado Skala Sikaminias, un pueblecito pesquero del norte de Lesbos al que llegaban muchas barcas. Sabíamos que Grecia tenía problemas económicos, y nos emocionó lo amable que era la gente. Entre los voluntarios de la playa había tres señoras mayores de luto que nos trajeron leche templada para el bebé de Nahda y que me recordaron a mi abuela la de Kobane. Después nos enteramos de que sus padres, como los de muchos de los habitantes de Lesbos, también habían llegado a la isla como refugiados, en botes, desde Esmirna cuando la ciudad todavía era griega y no se llamaba oficialmente Izmir, como ahora. El ejército turco atacó la ciudad en 1922, durante la guerra greco-turca, masacrando a la población turca e incendiando el casco histórico, lo que obligó a huir a miles de personas a través del mar Egeo.

Aquellas señoras nos acompañaron por la playa hasta un pequeño puerto con barcas de pesca pintadas de colores vivos y una ermita blanca encima de un peñón llamada Nuestra Señora de la Sirena. Había gente sentada en mesas fuera de los bares, comiendo y bebiendo, y el pueblo era tan bonito que parecía una postal. Al otro lado había un centro social con una sala llena de ropa seca donada por la gente del pueblo. Nos quitamos la ropa mojada y tiesa por el salitre y nos pusimos otra limpia. Todo nos quedaba fatal, y nos reímos al ver a los niños vestidos con camisas de adulto con las mangas colgando.

Los voluntarios nos explicaron que a la mañana siguiente vendría un autobús que nos llevaría al puerto de Mitilene, la capital, donde los refugiados tenían que registrarse para poder seguir viajando. Entre tanto, tendríamos que pasar la noche al raso en la carretera principal, donde paraba el autobús, porque no había otro sitio donde dormir. Mi inglés resultó muy útil. De pronto me había convertido en la traductora oficial del grupo. ¡Por primera vez en mi vida todo el mundo me necesitaba!

Entonces llegó alguien hablando muy deprisa, en griego. Nos dijeron que había habido una desgracia y que la lancha que venía detrás de la nuestra había volcado. «¡Los marroquíes!», exclamé. Se me rompió el corazón.

Estaba oscureciendo y antes que nada teníamos que comer porque estábamos desfallecidos, así que fuimos a un bar que había junto a una morera enorme y yo pedí un bocadillo. Tenía una pinta y un sabor muy extraños. Yo creía que toda la comida occidental tenía un aspecto precioso, igual que en *Masterchef*. «¿Qué es?», le pregunté a la camarera. «No te preocupes, no es cerdo», me contestó. «Es pavo». De todos modos me supo fatal. La comida occidental siempre me sabe a crudo. La kurda está mucho más cocinada.

Como de costumbre, Nasrine se quejó de que fuera tan quisquillosa con la comida, pero se fue en busca de una tienda para comprarme unas galletas. Cuando volvió, dijo que había conocido a un sirio que le contó que su familia y él habían intentando cruzar primero por Bulgaria, como Bland, pero que estuvieron diez días escondidos en el bosque y que al final se quedaron sin agua y tuvieron que salir y los detuvo la policía y volvió a mandarlos a Turquía. Luego decidieron cruzar por mar hasta Grecia, pero su barca volcó a unos tres kilómetros de la playa y tuvieron que echarse a nadar. Comprendimos entonces la suerte que habíamos tenido.

El camino que cruzaba el pueblo y llevaba a la carretera era una cuesta muy empinada. Iba a ser muy duro empujarme hasta allá arriba, pero las autoridades locales habían prohibido a los civiles trasladar en coche a los refugiados. En la mesa de al lado del bar donde comimos había un cooperante turco llamado Sardar que nos oyó hablar. «¡Pero no puede ir a pie hasta allá arriba!», exclamó. Fue a hablar con la policía y consiguió un permiso especial para llevarme en coche. Nos llevó a Nasrine y a mí, pero los demás tuvieron que recorrer a pie unos tres kilómetros, cruzando el pueblo. ¡Ventajas de ser discapacitada!

Pero por desgracia esas ventajas tenían un límite. Sardar nos dejó en el arcén de la carretera, donde decía que paraba el autobús, y me dio su número de teléfono. Había una especie de aparcamiento en el que estaban durmiendo otros refugiados. Era nuestra tercera noche al raso, y aquella fue la peor de todas porque estábamos justo al pie de un barranco muy empinado. Fue una noche horrorosa. Yo me acordaba de los dibujos animados del Coyote y el Correcaminos y pensaba que me caería encima una roca enorme y me aplastaría. Intenté dormir en la silla pero no pude. Estaba entumecida y magullada por el zarandeo de cuando me llevaron a cuestas por los olivares y por la travesía en la barca.

Por fin rompió el alba y el sol salió de repente, como una gran uva blanca. Alguien gritó «¡Nujeen!» y nos pusimos locas de alegría al ver a los chicos marroquíes que nos habían ayudado. Nos dijeron que, en efecto, su barca había volcado, pero que como sabían nadar habían conseguido llegar hasta la playa. Me puse muy contenta.

Estuvimos mucho rato esperando el autobús, pero no había ni rastro de él. Cada vez hacía más calor y algunas personas echaron a andar, pero Lesbos es una isla grande y había unos cincuenta kilómetros hasta el campo de refugiados contiguo al puerto. Nasrine dijo que ella empujaría mi silla, pero yo calculé que tardaríamos días en llegar y que nos asaríamos con aquel calor, porque estábamos a 39º C.

Por suerte mi teléfono todavía recibía señal de la operadora turca, así que llamé a Sardar y le conté que seguíamos allí. Le pidió a una chica de allí llamada Kristine, una voluntaria, que viniera a recogernos a Nasrine y a mí. Llegó más o menos a mediodía en un cochecito amarillo lleno de provisiones para los refugiados, como

148

agua y galletas. Estaba tan lleno que casi no cabíamos. Era imposible que subieran Nahda y sus hijas, así que Kristine le dijo que esperara allí y que volvería a buscarlas. El resto de la familia ya se había ido a pie.

El trayecto era largo y tenía muchas curvas, pero también era precioso. A mí la isla me pareció como sacada de una película de Disney, y entendí entonces por qué Grecia había servido de inspiración a tantos escritores y poetas. Seguimos una carretera que zigzagueaba entre el mar y los olivares, adelantando a una hilera aparentemente infinita de refugiados que iban a pie. Kristine nos contó que la isla era famosa por sus aceitunas. Aquello me hizo pensar en el tío Bozan, y me puse triste. Pasamos junto a un antiguo castillo bizantino pegado a la costa y empezamos a ver las afueras de una ciudad con casas de piedra y tejados de tejas: habíamos llegado a Mitilene. Kristine nos dejó en una cafetería y pidió un chocolate caliente en inglés. Esperamos allí dos horas mientras volvía a recoger a Nahda y sus niñas.

Mientras esperábamos estuvimos observando a los turistas, rojos como langostas cocidas, con sus enormes gafas de sol y sus sombreros de paja. Olían a aceite de coco y pedían cócteles de colores. Pensé en lo engañoso que era todo aquello: que aquella gente estuviera disfrutando de sus vacaciones y que al mismo tiempo, a pocos kilómetros de allí, sin que ellos lo supieran, hubiera familias enteras durmiendo en la cuneta después de huir de la guerra y los bombardeos.

El principal campo de refugiados de Lesbos se llamaba Moria. Nos quedamos de piedra al verlo. Era una antigua base militar y parecía una cárcel, con sus tapias altísimas y su alambre de espino. Había muchísima gente. Un funcionario nos escribió un número en la muñeca con un rotulador y nos condujo a una caseta abarrotada de refugiados. Estaba todo sucísimo y mucha gente parecía enferma, con tos o problemas de estómago. Y además el váter del cuarto de baño no era adecuado para mí: no había nada a lo que una persona discapacitada pudiera agarrarse.

El resto de nuestro grupo venía aún caminando por la carretera, camino del campamento, pero no veíamos cómo íbamos a quedarnos en un lugar como aquel. Así que Kristine nos llevó a Pipka, otro campo cerca de la playa que una ONG había montado para personas enfermas o dependientes. Era en principio para familias sirias, pero también había afganos e iraquíes. En Pipka había bungalós de madera pero, como estaban todos llenos, los voluntarios nos llevaron a una tienda de campaña familiar, de cuatro metros por cuatro. Estábamos yo, mis dos hermanas, mis cuatro sobrinas y Mohammed, el sobrino de Mustafa que tenía que cuidar de Nahda.

En la tienda de al lado había otra familia siria con una niña pequeña que tenía los ojos muy rojos e infectados. Nos dijeron que su barca había volcado porque falló el motor y que estuvieron once horas en el agua antes de que los rescataran. Otra familia nos contó que en su barca había entrado tanta agua que tuvieron que tirarlo todo al mar, hasta la bolsa con sus joyas de oro y su dinero, así que se habían quedado sin nada.

Nos dieron colchonetas para dormir, aunque había gente durmiendo sobre cartones. El campamento estaba cerca del aeropuerto y había un ruido espantoso, con todos aquellos niños y los aviones que pasaban muy bajo. Aquello me recordó a Manbij y a los bombardeos, y me tapé los oídos. Odiaba estar allí. De día hacía calor y de noche nos acribillaban los mosquitos. Las hijas de Nahda no paraban de llorar y mis hermanas se quejaban de la falta de higiene: había basura por todas partes y algunos refugiados llamaban a aquello «la Jungla». Había retretes separados para hombres y mujeres, pero no cuartos de baño. Solo una cortina separaba a los hombres de las mujeres, y el olor era tan asqueroso que no se podía soportar más de cinco minutos. Me fijé en que había muchas mujeres con velo que se quejaban de que les era imposible hacer las abluciones previas al rezo. Algunos hombres se bañaban en el mar. Nasrine y

Nahda querían lavar nuestra ropa pero había una cola muy larga para usar el fregadero.

Todo el mundo se quedaba mirando mi silla de ruedas y preguntaba: «Pero ¿cómo ha llegado hasta aquí?». Una voluntaria me dijo que me había visto en la tele. ¡Aquella entrevista que me hicieron al llegar me había hecho famosa!

Tiene gracia, porque yo siempre me olvido de que voy en silla de ruedas. Siempre que me imagino en un sitio turístico como el Victoria and Albert Museum de Londres, me veo caminando. Olvido que tendré que ir en silla de ruedas, con alguien empujándome.

Bland nos había dicho que lo primero que debíamos hacer cuando llegáramos a un país nuevo era conseguir una tarjeta SIM local. Había gente vendiéndolas en la puerta del campamento, junto con tarjetas de prepago y botellas de agua, y dentro del campamento había una zona para cargar el móvil, pero había que hacer cola porque todo el mundo quería cargar el suyo. Había lápices de colores para los niños y algunos dibujos colgados. Algunos eran de casas con familias en la puerta, dibujadas como palotes, y bombarderos volando por encima. En uno aparecía una flor de la que goteaba sangre.

Fue allí, mientras esperábamos a que se cargaran nuestros teléfonos, cuando oímos hablar por primera vez del pequeño Aylan Kurdi. Yo me negué a ver las fotografías porque sabía que psicológicamente me afectarían mucho.

La semana que pasamos allí fue muy dura. Los griegos estaban atravesando su propia crisis. El país estaba en bancarrota y la mitad de la juventud no encontraba trabajo, así que lo último que les hacía falta era que llegaran más refugiados.

Como era de esperar, había muy poco que comer en el campamento. Repartían espaguetis pero no teníamos con qué cocinarlos. Mis hermanas compraban a diario tomates, una especie de salami de ternera y algo de pan para hacer bocadillos. Pasada una semana dije que no pensaba volver a comer salami en un año. Nasrine se quejaba de que, como había crisis, los griegos nos mantenían allí a propósito para ganar dinero.

Pero los voluntarios eran muy simpáticos, y eso que estaban sobrepasados por la cantidad de refugiados que había en la isla. Pronto seríamos treinta y siete mil, casi la mitad de la población de Lesbos. Mohammed fue a la ciudad a informarse sobre el horario y el precio del ferry y nos contó que había visto a un montón de gente durmiendo en parques y en la calle.

Mi inglés seguía resultando útil, y yo estaba muy contenta porque tenía la sensación de haberlo aprendido de la manera más difícil, sin libros ni clases. Un día, un voluntario me pidió que hiciera de intérprete para hablar con una señora kurda cuya hija estaba enferma. Tenía una infección de riñón y querían que le explicara cómo tenía que tomar la medicina.

Después, la mujer no paraba de darme las gracias. «¡Qué contenta estoy! ¡Eres mi ángel!», decía. ¡Y todo gracias a mi serie favorita!

Aunque todos intentábamos huir de la guerra, es lógico —imagino— que haya tensiones y estallen peleas cuando hay tanta gente desesperada hacinada en un mismo sitio y deseando marcharse. Para viajar de Lesbos al continente hacía falta un papel del gobierno griego dándote permiso para permanecer tres semanas en el país. Los griegos habían establecido un sistema rápido para que, en el caso de los sirios, ese documento estuviera listo en solo dos días, mientras que los refugiados de otras nacionalidades tenían que esperar a veces más de un mes. Eso molestaba mucho a la gente de otros países, claro. Sobre todo a los afganos y los iraquíes, que también huían de una guerra. Un día hubo un tumulto. Estalló una gran pelea y los afganos y los iraquíes prendieron fuego al centro en el que se tramitaba la documentación en protesta por el trato de favor que recibíamos los sirios.

Aquello lo ralentizó todo. Nahda estaba muy enfadada. Le preocupaba que sus hijas cayeran enfermas con aquel calor y aquella suciedad, y todo el rato me pedía que hablara con gente y llamara a Sardar y a Kristine. Por fin, el séptimo día, nos dijeron que iba a venir la policía y que nos concentráramos en la explanada central. Llegaron unos agentes griegos y anotaron nuestros nombres, fechas de nacimiento y lugar de procedencia. A la gente le asustaba que le tomaran las huellas dactilares por lo del Protocolo de Dublín, aunque los alemanes habían dicho que no importaba.

Cuando nos tocó a nosotros yo hice de intérprete. Expliqué que éramos kurdos que habíamos huido de Alepo y que no teníamos papeles. Me costó concentrarme porque el policía tenía una taza de café encima de la mesa y yo no dejaba de mirarla. Me apetecía tanto tomarme un café...

Al final del día ya teníamos nuestro ansiado permiso. Decía que las autoridades griegas no ejercerían su derecho a detenernos y que tenía una validez de tres semanas. Aquella hoja de papel era para nosotros como uno de los billetes dorados de Willy Wonka. No tenía sentido quedarse allí por más tiempo. Esa misma noche, a las tres de la mañana, había un ferry que en doce horas nos llevaría a Atenas por sesenta euros cada uno. Al final, sin embargo, nos quedamos una noche más porque a Mohammed se le olvidó llevar nuestros permisos cuando fue a comprar los billetes. Así que el resto de nuestros familiares, que estaban en Moria, acabaron yéndose sin nosotros.

A la tarde siguiente llamamos a un taxi para marcharnos del campamento a las ocho, antes de que anocheciera, pero no llegó a la hora acordada. Estuvimos esperándolo a la entrada del campamento. El guardia tenía seis perros que no paraban de rondar por allí, y yo estaba histérica. Por fin, a medianoche, llegó el taxi para llevarnos al puerto. Nos apeamos delante de un edificio antiguo y precioso, como esos que tenían los ricos en Europa siglos atrás, y me pregunté quién habría vivido allí.

El ferry a Atenas zarpaba a las tres de la madrugada y la terminal estaba llena de refugiados esperando para embarcar. Algunos habían montado pequeñas tiendas de campaña y se habían echado a dormir. Nahda y sus hijas se acurrucaron en las escaleras del edificio de la aduana. Justo cuando estaba a punto de quedarme dormida apareció otro montón de perros, unos doce o trece, y no paraban de ladrar y de olisquearlo todo. Yo no podía creerlo. Era como si aquellos animales salvajes me siguieran a todas partes.

Nasrine intentó tranquilizarme. «Cálmate», me dijo. «Mira, hay un cachorrito precioso». «¡No es un cachorrito precioso, es un monstruo!», gruñí yo.

Entonces vimos llegar el ferry con sus brillantes luces verdes. Era tan grande como un edificio de varias plantas, y yo no entendía cómo iba a entrar en el puerto. Pensé que tendríamos que ir en barca hasta él, pero llegó hasta el muelle.

Por fin, a las cuatro de la mañana, la policía nos dijo que podíamos embarcar. A mí me llevaron al principio de la cola, así que fui la primera en subir al barco. El ferry tenía cinco cubiertas y nuestros asientos estaban en la tercera, pero por una vez había ascensor.

Oí el zumbido del motor y luego sentimos que el ferry se ponía en marcha. Nasrine subió a la cubierta principal a ver salir el sol por encima de los tejados rojizos de Mitilene.

Yo estaba muy emocionada. Era la primera vez que montaba en barco. Y además íbamos hacia la cuna de la democracia. Pero también estaba agotada. Aún no habíamos salido del puerto cuando me quedé dormida.

13

A través de la Sublime Puerta

De Atenas a Macedonia, 10-15 de septiembre de 2015

Miraba fijamente el ángel de la pared de la habitación del hotel como si pudiera hacerlo volar. Puede que parezca una locura, pero deseaba más que cualquier otra cosa hacer el viaje como todo el mundo.

El resto de nuestros familiares ya había emprendido el viaje hacia el norte, hacia la frontera con Macedonia, temiendo que la policía cerrara los pasos fronterizos debido a los miles y miles de refugiados que se concentraban allí. El tío Ahmed, la tía Shereen y todos nuestros primos se marcharon antes de que llegáramos a Atenas.

Los parientes políticos de Nahda habían ido a buscarnos al ferry el día anterior. Yo estaba emocionada por pisar Atenas, pero el puerto del Pireo era enorme y mareante y apestaba tanto a pescado podrido que me dieron arcadas. Cuando Nasrine empujó mi silla por la rampa, vimos un mísero campamento de refugiados en el muelle, hecho con lonas de plástico y tiendas improvisadas. También oímos gritos: había una manifestación de trabajadores en protesta por la privatización del puerto. Luego aparecieron los traficantes como moscas chupasangre, preguntando: «¿Queréis ir en avión? ¿Por tierra? ¿Necesitáis pasaporte?».

Tratamos de conseguir un taxi, pero pretendían cobrarnos el triple de lo que nos habían dicho que debíamos pagar. Por suerte fue a recogernos un pariente del marido de Nahda que nos llevó al metro, que era mucho más económico aunque fuera un poco difícil manejarse por él con la silla de ruedas. A veces da la sensación de que todo el mundo intenta estafar a los refugiados.

Los parientes del marido de Nahda se alojaban en un apartamento con las paredes grasientas y sin ventanas que les había conseguido el traficante al que habían pagado para que los llevara a Macedonia. Nos prepararon unos huevos y unos tomates mientras Mohammed iba a buscarnos un hotel por allí cerca, porque ellos se marchaban a la mañana siguiente. No es fácil alquilar una habitación de hotel siendo refugiado. A menudo nos rechazan o nos cobran más de lo normal por no tener papeles. Es como si creyeran que contaminamos o que somos delincuentes, aunque somos como todo el mundo, solo que hemos perdido nuestros hogares. El hotel donde nos alojamos se llamaba New Dream, «Nuevo Sueño». Nuestra habitación tenía luces azules y un cuadro con un ángel encima de la cama. Nahda se quedó esa noche con la familia de su marido porque iba a marcharse con ellos. Nos compraron pan y salami *halal*, le dimos un abrazo a Nahda y nos deseamos buena suerte.

Y así nos quedamos solas Nasrine y yo, las dos hermanas pequeñas, aunque no fuéramos las tres mosqueteras. Era la primera vez que teníamos que valernos solas, y más aún en una gran ciudad extranjera.

Encendí la tele, que era vieja, en blanco y negro, y estuve pasando canales, buscando algo en inglés. Por fin encontré un programa de la MTV titulado *I used to be fat* (*Ya no estoy gordo*). Me eché en la cama y me sentí transportada al pasado, cuando vivía en aquel quinto piso, en Alepo.

156

Oí correr el agua y cantar a mi hermana en el cuarto de baño. «¡Agua caliente!», exclamó. «¡Qué agradable es estar limpia!». Era la primera vez en los once días transcurridos desde que dejamos Esmirna que podíamos asearnos como es debido. Ya solo necesitábamos ropa limpia, porque seguíamos llevando la misma que cuando llegamos a Lesbos.

Nuestra familia no nos había abandonado a nuestra suerte. Shiar iba a venir en avión, y el plan era que nos consiguiera pasaportes falsos –supuestamente, eran fáciles de conseguir en Atenas– y que después tomáramos un vuelo directo a Alemania para no tener que hacer el viaje por tierra.

Todo el mundo pensaba que era demasiado arduo hacer todo el camino en una silla de ruedas. Y quizá creyeran también que íbamos a retrasarlos.

Yo estaba triste. «¿Sabes qué, Nasrine?», le dije a mi hermana. «Quiero ir como todos los demás. ¿Me entiendes?».

«Sí, a mí me pasa lo mismo», me contestó.

Al poco llegó Shiar, tan parlanchín como siempre. Nos dijo que nos quedáramos en la habitación y que mantuviéramos las cortinas cerradas. A mí aquello me fastidió mucho porque estaba deseando ver la Acrópolis. No me podía creer que estuviéramos en aquella ciudad antiquísima, en la cuna de la democracia, de la filosofía y de Aristóteles, y que tuviéramos que escondernos detrás de las cortinas. Pero Nasrine dijo que no debíamos salir. Había habido agresiones a refugiados por parte de los militantes de un partido llamado Amanecer Dorado, que quizá, con ese nombre, parezca inofensivo pero que es un partido ultraderechista que tiene una especie de esvástica en la bandera.

Oíamos sirenas constantemente. Atenas nos pareció una ciudad muy rica, con sus cafeterías y sus bares modernos, pero nos fijamos en que había un montón de gente viviendo en la calle. La crisis había dejado a la mitad de los jóvenes en paro y todo el que podía se marchaba del país. Grecia se hallaba en una situación tan mala que las instituciones internacionales habían tenido que salir en su rescate dos veces, y en ese momento acababa de aprobarse un tercer rescate con durísimas condiciones impuestas por Alemania. Los bancos estaban cerrados. Todos los días había protestas en la plaza Sintagma, delante del parlamento, y la policía empleaba gas lacrimógeno para dispersar a los manifestantes. Yo todo esto lo veía por la tele, en los intermedios entre mis programas favoritos de siempre. Estaba intentando superar mi aversión por los informativos, porque necesitábamos saber lo que pasaba en la ruta de los refugiados.

Solo una vez me sacaron Shiar y Nasrine. No me llevaron al Partenón, claro, sino a un restaurante turco a tomar un kebab. La ciudad me pareció muy antigua y más oriental que occidental. Nos fijamos en que había un montón de señores mayores jugando a los dados. En la carta del restaurante, el alfabeto griego me pareció muy raro, como el hebreo. Era de noche cuando salimos del restaurante, pero aun así había gente por todas partes. Yo nunca había visto una ciudad con tanta vida nocturna, y me acordé de Alepo. Traté de no pensar en lo que estaba pasando allí, pero sabía que Nasrine lo seguía todo por Facebook.

Todos los días, mientras Shiar iba a la plaza de la Victoria a negociar con los traficantes, Nasrine y yo mirábamos mapas de Europa en nuestro teléfono y grupos de Facebook para emigrantes, como por ejemplo *The Safe and Free Route to Asylum for Syrians,* una página que daba consejos a los refugiados para hacer el viaje e indicaciones sobre los mejores itinerarios. Yo, entre tanto, miraba a menudo al ángel del cuadro y le pedía que por favor me dejara hacer el viaje de la manera normal.

A veces Dios responde a tus plegarias. Después de unos días de espera, Shiar nos dijo que conseguir los pasaportes iba a ser muy difícil y caro, y que no sabía qué hacer.

Nasrine y yo nos miramos. «¿Sabes qué?», le dije. «¿Y si vamos por tierra y ya está?».

¡Sí! De un encierro total a la libertad total. Yo sabía que para mí aquello sería una experiencia única, que no volvería a repetirse. Me dije que tendría algo que contarles a mis nietos, igual que mis padres hablaban de la guerra de 1973 con Israel: siempre decían que aquel fue un año muy malo, el año de la guerra. Para Nasrine sería muy duro tener que empujarme, pero yo lo pasaría en grande.

Y, para variar, sería como una persona normal.

Tomamos el tren de las 16:30 en la estación principal de Atenas con destino a Tesalónica, un trayecto de seis horas. Era la primera vez que montaba en tren. La mayoría de los refugiados va en autobús hasta la frontera porque es más barato, pero aun así el andén estaba lleno de refugiados, muchos de ellos con niños pequeños, y de turistas en pantalón corto y camiseta, cargados con enormes mochilas. Cuando llegó el tren, estaba cubierto de pintadas. Todo el mundo corrió a montar y yo me pregunté cómo íbamos a subir, pero alguien nos ayudó y encontramos asientos.

Los asientos estaban muy raídos. Alguien nos contó que el ferrocarril griego perdía tanto dinero que al gobierno le costaría menos pagar una carrera en taxi a todos los viajeros que mantener el servicio en funcionamiento.

Estuve mirando el paisaje: los campos tostados por el sol, los montes verdes, las golondrinas negras que surcaban el cielo a toda velocidad, el sol rojizo. Era todo tan bonito… El tren iba tan deprisa comparado con las cosas de fuera que me puse a pensar en la Teoría de la Relatividad. «¿Qué pasaría si el tren fuera a la velocidad de la luz?», le pregunté a Nasrine. «¿Qué veríamos?». Me dijo que, debido a una cosa llamada «dilatación del tiempo», el tiempo quedaría fijo y llegaríamos a nuestro destino sin que aparentemente pasara un solo segundo por ningún objeto que no se moviera a nuestra misma velocidad. Así que el sol que veíamos seguiría siendo rojo, como el del atardecer. Yo no entendí del todo lo que me decía, pero luego hice mis averiguaciones. Mi hermana me dijo además que de todos modos era imposible desplazarse a la velocidad de la luz. O sea, que quería que me callara de una vez.

Nasrine fue a comprar algo de beber y mi imaginación se desbocó, como hace siempre que no la controlo. No podía dejar de pensar en esas películas en las que un tren se cae por un precipicio. Si eso pasaba y perdía a Nasrine, ¿cómo llegaría a la frontera yo sola?

Por suerte no pasó. Cuando se hizo de noche intentamos dormir. Circulaba el rumor de que la policía griega estaba echando a los refugiados del tren porque nuestra documentación no nos permitía viajar tan al norte y hubo gente que se encerró en los aseos, pero al final no vino la policía.

Por fin llegó nuestra parada, Tesalónica. Los autobuses que iban a la frontera no circulaban de noche, así que la gente se puso a negociar con los taxistas que había fuera. «No somos turistas», oímos que decía un hombre quejándose de los precios. Algunos decidieron pasar la noche en la estación y esperar al autobús de por la mañana, pero nosotras queríamos seguir viaje cuanto antes, así que pagamos cien euros a un taxista para que nos llevara.

Sabíamos por los grupos de Facebook que no se puede cruzar la frontera de noche, así que recorrimos unos ochenta y cinco kilómetros en taxi hasta Evzoni, un pueblecito cerca de la frontera. Nos registramos en el hotel Hara, el último hotel de Grecia, o el primero, según se mire. Por encima del hotel, en el aparcamiento, había un cartel de un hombre con bombachos blancos y una especie de fez rojo. El cartel decía: *Bienvenidos a Grecia*.

El hotel era un sitio muy viejo y destartalado, pegado a la carretera. Había estado a punto de cerrar hasta que empezó la crisis de los refugiados, que fue su salvación. Ahora entraba y salía gente sin parar. Algunos, como nosotros, alquilaban habitaciones, pero el

160

hotel también había convertido su bar en un pequeño supermercado que vendía comida a los refugiados, como latas de sardinas y galletas, además de pañales y toallitas para bebés.

Estábamos muertas de hambre y entramos en el restaurante. En el comedor había fluorescentes, como en los hospitales en los que había estado yo, y todo se veía de color amarillento. Pedimos *pizza* y fue la primera vez que usé un cuchillo y un tenedor. Fue muy engorroso, porque para nosotros los musulmanes es *haram* (pecado) comer con la mano izquierda, así que tenía que usar el cuchillo y el tenedor con la derecha.

Veíamos a lo lejos las luces de los casinos macedonios a los que van a jugar los griegos por las noches a pesar de que no les gusta nada que exista Macedonia como país y creen que debería pertenecer a Grecia. Por eso aseguran que Alejandro Magno era griego, aunque en realidad era macedonio, y ni siquiera llaman al país por su nombre: lo llaman FYROM, unas siglas que en inglés significan «Antigua República Yugoslava de Macedonia». Aun así, podían cruzar la frontera con normalidad. Nosotros tuvimos que ir a campo través.

A la mañana siguiente, Nasrine recibió un mensaje de Nahda por WhatsApp. *¡Lo hemos conseguido!*, decía. Ya estaban en Alemania. Habían hecho el viaje en solo cinco días. «¿Lo ves? Tan difícil no será, ¿no?», le pregunté a Nasrine.

Pero antes de poder emprender el viaje teníamos que resolver un problemilla con mi vehículo. El reposapiés de mi silla de ruedas lo sujetaba una banda de goma que se soltó cuando bajamos por la rampa del ferry, y el reposapiés se había roto. Para mí era muy incómodo tener que ir con los pies colgando. Por suerte encontramos a un hombre muy amable con un sombrero negro y un pájaro amaestrado que le puso un alambre alrededor para que pudiera apoyar los pies.

Nasrine echó a andar por la carretera principal, empujándome. Estaba empezando a salir el sol y todo estaba muy verde, por todas partes había montes cubiertos de bosque y yo nunca había oído cantar a tantos pájaros, pero hacía muchísimo frío. Desde la época en que tuve asma el frío me afecta mucho y siempre soy la primera en ponerme mala. Nasrine suele decir que soy como un imán para los virus.

No estábamos seguras de ir por el camino correcto, pero al rato llegamos a una vía de tren abandonada donde esperaba un montón de gente y había policías vestidos de negro, como *ninjas*, intentando contener a la muchedumbre. Otros policías vigilaban desde furgones, en un risco que daba sobre las vías.

Evzoni era un pueblecito muy pequeño que de pronto se había llenado de miles de refugiados como nosotros. Habían montado un centro de tránsito para inmigrantes y algunas mujeres griegas repartían pañales y galletas. La policía macedonia, armada con pistolas y porras, nos hizo ponernos en grupos de cincuenta para cruzar la frontera. A nosotras nos metieron en uno de los tres grupos SIA –de «sirios, iraquíes y afganos»– a los que permitían cruzar. Los bangladesíes, los marroquíes, etcétera, tenían que cruzar ilegalmente. Tuvimos que recorrer cerca de un kilómetro a pie, pero la carretera estaba en buen estado. Nosotras, de todas formas, íbamos más despacio que los demás y la policía griega tuvo que ayudarnos a cruzar las vías con la silla de ruedas. No había ningún indicador que señalara la frontera, solo la línea negra del GPS de nuestro teléfono. Más tarde nos enteramos de que habían improvisado un puesto fronterizo que llamaban *Stone 59*, «Piedra 59».

Una vez dentro de Macedonia el camino era pedregoso y difícil. La silla de ruedas se atascaba todo el rato con las piedras. Por suerte algunos macedonios que vendían galletas vieron que teníamos dificultades y nos echaron una mano. Le dieron la vuelta a mi silla y tiraron de ella.

Había un torrente de personas dirigiéndose todas hacia el mismo lugar. Algunos cargaban con bebés a la espalda o sobre los hombros, como seguramente había hecho Nahda unos días antes. Un hombre cojeaba, puede que herido en algún bombardeo. La gente apenas hablaba. Todo el mundo parecía desesperado. Yo era la única que sonreía. Todos teníamos mucha prisa porque habíamos oído decir que los húngaros estaban empezando a blindar su frontera y había que llegar cuanto antes.

Por fin llegamos a un campo de girasoles precioso como el que se describía en Facebook, con un camino muy pisoteado que cruzaba por el medio. A ambos lados del camino había montones de botellas de agua tiradas, bolsas de plástico, zapatos, sacos de dormir y otros desperdicios dejados por los inmigrantes, y nos daba un poco de pena verlo porque no queríamos que la gente pensara mal de nosotros pero tampoco teníamos dónde tirar las cosas.

Iba todo muy bien hasta que de pronto llegamos a una zanja muy empinada, con un arroyo que no teníamos forma de cruzar por nuestros propios medios. Por suerte, nos ayudaron unos afganos. Entonces dejé de sonreír, porque con el zarandeo me golpeaba contra el respaldo de la silla y me dolía mucho la espalda. Empecé a hacer ruiditos y Nasrine me dijo en voz baja que parara. Odio que carguen conmigo: hace que me sienta muy desvalida.

Al poco rato volvieron a dejarme en el suelo. Empezó a caer una lluvia de verano y oí cantar a unas ranas, muy contentas, y el tañido de unas campanas. Cuando llevábamos más o menos una hora atravesando los campos llegamos al primer pueblecito de Macedonia, Gevgelija (no tengo ni idea de cómo se pronuncia).

Seguimos una señal que decía *Punto de atención humanitaria del gobierno de Macedonia, financiado por ACNUR* hasta que llegamos a una zona con muchísimas tiendas de campaña blancas, remolques y una hilera de aseos portátiles que olían fatal. ACNUR es la Agencia de la ONU para los refugiados. Había una muchedumbre esperando. De vez en cuando salía un señor con un manojo de papeles y se ponía a leer nombres en voz alta.

Cuando empezaron a llegar refugiados a Macedonia no se les

permitía utilizar los transportes públicos, así que tenían que subirse a escondidas a trenes de mercancías o recurrir a traficantes, pero había bandas que los atracaban, lo que daba muy mala imagen del país. Así que a finales de junio el parlamento aprobó una resolución que concedía a los refugiados SIA un visado de tres días para que pudieran cruzar el país legalmente y coger un tren hasta la frontera con Serbia.

Daba la impresión de que la pequeña comisaría de policía donde había que pedir el visado no daba abasto. Imagino que antes había sido un sitio muy tranquilo.

Si hubiéramos llegado un par de días después nos habríamos quedado allí atrapadas porque, debido al tapón que se formaba, los macedonios cerraron la frontera y empezaron a disparar gas lacrimógeno para impedir que siguieran llegando refugiados. Conseguimos cruzar justo a tiempo.

Además, gracias a mi silla de ruedas nos pusieron al principio de la cola. Estábamos un poco asustadas por tener que hacer aquel tramo del viaje solas, porque nos habían avisado de que había salteadores en los bosques y yo dije, además, que Macedonia era el país de Alejandro Magno y Gengis Kan (me confundí con Mongolia). Mucha gente opina que Alejandro era un héroe, pero en mi opinión era un tirano que mató a un montón de gente. Había refugiados que llamaban al país «Mafiadonia» y decían que era preferible viajar en grupo, por seguridad, y que de ninguna manera debíamos hacer el viaje las dos solas.

A otras personas las metían apiñadas en viejos trenes cubiertos de pintadas. Nosotras no entendíamos cómo íbamos a subir la silla de ruedas al tren. La policía macedonia nos dijo que no nos preocupáramos. Después de tomar nuestros datos llamaron a un taxi para que nos llevara a la frontera serbia por doscientos euros y nos abrieron la verja del centro de tránsito. Para mí, aquello fue como cruzar la Sublime Puerta. Por fin teníamos el camino libre.

14

¡Hungría, abre la puerta!

Macedonia – Serbia – Hungría, 15-16 de septiembre de 2015

Macedonia no es un país grande: tardamos solo dos horas en cruzarlo de sur a norte. Y fue una suerte, porque todo el mundo decía que los húngaros habían acabado de construir una valla enorme a lo largo de su frontera y que a medianoche pensaban cerrar la brecha por la que habían estado dejando pasar a la gente, y que a partir de entonces sería un delito cruzar. Aquello era una carrera contra reloj como las de las series que yo veía por la tele.

Lo primero que teníamos que hacer era pasar a Serbia. Recorrimos en taxi unos doscientos kilómetros hasta Lojane, un pueblo fronterizo en las montañas del norte de Macedonia. El taxista nos contó que aquellos montes estaban llenos de antiguas rutas de contrabando de tabaco, drogas y armas y que eran esas rutas las que ahora usaban los refugiados.

Lojane era un pueblo de casas de tejado rojo, con un par de teterías y una gran mezquita blanca. Entre su población había muchísimos albaneses que habían huido de la guerra de su país, pero no por ello les gustaban los inmigrantes. Algunos se alegraban porque los refugiados traíamos dinero –siempre nos cobraban de más en la

165

comida y la bebida–, pero otros se quejaban de que traíamos con nosotros delincuencia y enfermedades contagiosas y de que asustábamos a las mujeres y a los niños.

Llegaba gran cantidad de refugiados. Algunos, como nosotras, en taxi, y otros en tren. Se había improvisado un campamento en un prado. Lo llamaban La Jungla (se ve que todos los campamentos de inmigrantes tienen el mismo nombre), pero nadie se paraba allí, a pesar de que mucha gente llevaba el cansancio pintado en la cara. Nasrine y yo nos sumamos a lo que parecía una cañada para seres humanos que conducía a la frontera.

El camino pasaba por un campo de coles, y fue difícil cruzarlo porque la noche anterior había llovido y estaba lleno de barro. En el campo de al lado había un hombre que subía y bajaba de un tractor con un cigarrillo colgándole de los labios, y en alguna parte cantaba un gallo. Nasrine luchaba a brazo partido para empujar la silla de ruedas por el barro, y unas cooperantes suizas y alemanas que estaban repartiendo barritas energéticas y botellas de agua vieron el atolladero en que estamos y vinieron a ayudarnos. Pidieron a cuatro refugiados afganos que volvieran atrás para llevarme a pulso en la silla.

«Bienvenida a Serbia», me dijo una de ellas cuando los hombres me dejaron en el suelo. «Es el país del famoso tenista Novak Djokovic», contesté. Nasrine no dijo nada. Pensé en el joven Gavrilo Princip, cuyo disparo desencadenó la I Guerra Mundial, y en Radovan Karadzic, el líder serbobosnio responsable de la matanza de miles de musulmanes en los años noventa, ¡y enseguida me enfadé conmigo misma por acordarme siempre de los malvados! Era lo único que sabía de Serbia.

Tardamos como media hora en cruzar la frontera hasta Miratovac, que es el punto de entrada oficial. Los funcionarios serbios revisaron los papeles que nos habían dado en Grecia y Macedonia. Necesitábamos también un documento serbio, pero tardaban mucho rato en entregarlo y Nasrine no paraba de mirar el reloj. Yo sabía que intentaba calcular si llegaríamos a Hungría antes de que se hiciera de noche.

Al empezar esta crisis Serbia había intentado obligar a los refugiados a regresar a Macedonia, pero en la época en que llegamos nosotras cruzaban la frontera serbia unos cuatro mil al día, y las autoridades habían llegado a la conclusión de que era más sencillo ayudarnos a seguir el viaje.

Incluso habían puesto autobuses baratos que llevaban a Belgrado, la capital, para que no tuviéramos que recurrir a traficantes de personas. Nasrine y yo seguimos a los demás cuesta arriba, por una carretera polvorienta en la que había voluntarios repartiendo agua y sándwiches veganos.

Era más o menos la una del mediodía cuando subimos al autobús. Pagamos treinta y cinco euros, mucho menos que en taxi, pero el autobús estaba abarrotado de inmigrantes. Había sirios, como nosotras, pero también iraquíes, afganos y eritreos. Yo pude sentarme en la parte delantera: ventajas de mi discapacidad, otra vez.

Me puse a mirar por la ventanilla. Otro país, otro idioma, otra cultura que no llegaríamos a conocer. Fue un viaje largo, de unas seis horas. Notaba pinchazos en los hombros y los brazos y empecé a preocuparme por si me daba un ataque al corazón, porque había visto en *Doctor Oz* que esos pinchazos podían ser síntoma de un infarto. Desperté a Nasrine para decírselo y se enfadó. «Es solo que estás agotada», me dijo. «¡Tienes dieciséis años! ¿Cómo va a darte un infarto?».

Los asientos tenían mesitas, así que apoyé la cabeza en una y traté de dormir, pero no pude. Luego probé a recostarme en Nasrine, pero tampoco sirvió de nada. «Dame un respiro», se quejó.

Belgrado es una gran ciudad a orillas del Danubio, y yo estaba deseando ver el río. Llegamos a eso de las siete de la tarde, cuando la gente normal empezaba a congregarse en los cafés y los bares para relajarse un poco después del trabajo. Tenían todos un aspecto muy duro, quizá porque también allí había habido una guerra civil en la década de los noventa. Puede que también algún día Siria recupere la normalidad.

La siguiente escala de nuestro viaje era Hungría, donde volveríamos a entrar en la UE si es que conseguíamos cruzar a tiempo. Nasrine siempre me decía que no me preocupara tanto, que ella se encargaría de todo, así que procuré no pensar en lo que pasaría si no conseguíamos cruzar la frontera.

Una vez más seguimos al resto de la gente. Había tantos refugiados en el camino que ya no nos hacían falta los grupos de Facebook.

El parque que había junto a la estación de autobuses parecía un campamento lleno de gente, de tiendas y de ropa tendida. Vimos a refugiados negociando con traficantes en las calles de los alrededores, igual que en la plaza Basmane, y de vez en cuando paraban coches y furgonetas para llevar a grupos a la frontera húngara.

Nasrine y yo estábamos intentando ahorrar para que Mustafa y Farhad no tuvieran que seguir mandándonos dinero y pensábamos coger un tren. A diferencia de algunos refugiados que pagaban a traficantes por todo el viaje, Nasrine y yo éramos migrantes de «Pago por trechos». Pero a mi hermana le preocupaba la hora, así que buscamos un taxi cuyo conductor nos dijo que podía llevarnos a la frontera por doscientos diez euros. Nasrine apoyó la cabeza en la ventanilla del coche como si estuviera durmiendo, pero yo me puse a charlar con el conductor, que hablaba inglés. «Me gusta Novak», le dije. Me contó que Djokovic tenía un restaurante no muy lejos de donde estábamos. Me habría gustado visitarlo. A veces deseaba que no tuviéramos tanta prisa por llegar a nuestro destino.

Eran cerca de las diez de la noche cuando el taxi nos dejó en un pueblecito agrícola llamado Horgos, el mismo sitio por el que había cruzado Bland a principios de ese año. Yo estaba muy contenta por haber cruzado dos países europeos en un solo día, pero al final resultó que no nos habíamos dado suficiente prisa. Todo el mundo decía que la frontera estaba cerrada, que habíamos llegado demasiado tarde.

Como no podíamos hacer nada de momento, buscamos un sitio donde dormir. Mucha gente se acurrucaba como podía en los campos, pero nosotras no queríamos dormir así. En torno a las doce de la noche encontramos una gran carpa con las siglas *ACNUR*. Dentro había un montón de refugiados durmiendo, así que nosotras también nos echamos. Hacía mucho frío y no teníamos mantas, y yo estaba tan nerviosa por estar rodeada de tantos desconocidos que no pegué ojo.

A las ocho, cuando me levanté, todo el mundo estaba debatiendo qué hacer. Desayuné solamente una manzana que me dio alguien. Aunque la frontera estaba cerrada, unas mujeres decían que la policía húngara había dejado pasar a algunas personas, así que pensamos que, ya que estábamos allí, por lo menos teníamos que intentarlo.

Supuestamente había un autobús que llevaba a Röszke, donde estaba el paso fronterizo, a unos kilómetros de allí. Esperamos y esperamos, y estábamos a punto de darnos por vencidas y tomar un taxi cuando por fin llegó el autobús.

Desde donde te dejaba el autobús hasta el paso fronterizo había cerca de un kilómetro a pie siguiendo la antigua vía del tren, y mi silla de ruedas se zarandeaba mucho. Mientras seguíamos a los demás (jóvenes, embarazadas, hombres con niños subidos a caballito) vimos la alta valla recién terminada, con sus rollos de concertina en la parte de arriba, y oímos mucho alboroto. Habían cerrado la abertura por la que solían pasar los refugiados y la gente estaba protestando.

Cuando llegamos y vimos a toda esa muchedumbre apiñada contra la valla y a los antidisturbios al otro lado, me di cuenta por primera vez de que estábamos inmersos en una tragedia tremenda.

Hasta entonces pensaba en el viaje como en una gran aventura, pero de pronto comprendí que todo aquello implicaba un enorme sufrimiento. «¡Venimos escapando de una guerra!», gritó alguien. Que nos rechazaran ahora, después de todo lo que habíamos pasado, nos parecía inconcebible.

Cualquiera pensaría que un país como Hungría, que había estado separado de la Europa occidental por el Telón de Acero hasta hacía veinticinco años, sería el último en construir una valla fronteriza.

Pero a diferencia de lo bien que nos habían acogido en Serbia, el primer ministro húngaro, el derechista Viktor Orbán, parecía sentir verdadero odio por los inmigrantes.

Se quejaba constantemente de que la inmigración estaba alimentando el terrorismo y había hecho levantar vallas publicitarias que advertían: *¡Si venís a Hungría, no les quitéis el trabajo a los húngaros!*, y *Si venís a nuestro país, tenéis que obedecer nuestras leyes.*

Orbán afirmaba que Hungría solo estaba intentando hacer cumplir las leyes de asilo de la Unión Europea al impedir que los refugiados continuaran su viaje. Para ello había hecho levantar una valla de cuatro metros de alto rematada con concertina que discurría a lo largo de los casi ciento ochenta kilómetros de la frontera con Serbia, y había empleado a presos para construirla.

Hasta la noche de nuestra llegada habían estado dejando pasar a la gente por la brecha que había junto a la vía abandonada del tren, pero ahora habían cerrado aquel paso. No tuvimos suerte. Para entonces, unos ciento ochenta mil refugiados habían cruzado Hungría como pensábamos hacerlo nosotras, yendo desde la frontera en tren o por carretera hasta la estación de Keleti, en Budapest, y desde allí en coche o tren hasta Austria. Había muchos traficantes de personas dispuestos a facilitarte el trayecto.

Unos diez días antes de que llegáramos nosotras, Orbán había publicado un artículo en la prensa afirmando que los inmigrantes amenazábamos la identidad de la Europa cristiana. *Los que llegan han sido educados en otra religión y representan una cultura radicalmente distinta a la nuestra*, decía el artículo. *La mayoría no son cristianos, sino musulmanes. Es esta una cuestión importante porque Europa y la identidad europea hunden sus raíces en el Cristianismo. ¿Acaso no es preocupante que la Cristiandad europea a duras penas sea capaz de preservar la Europa cristiana? No hay alternativa: no nos queda más remedio que defender nuestras fronteras.*

Pero no se trataba solo del gobierno. También habían grabado a una periodista gráfica húngara poniéndole la zancadilla a un refugiado.

Por desgracia, Nasrine le dijo a alguien que yo hablaba inglés y sugirió que quizá pudiéramos aprovechar que iba en silla de ruedas para que nos dejaran pasar. Así que me llevaron hasta la reja y me pusieron enfrente de la policía, con sus cascos y sus escudos antidisturbios. Detrás de mí la gente gritaba: «¡Alemania, Alemania!», lanzaba insultos contra Hungría y exigía que abrieran la frontera. Algunos portaban pancartas que decían *Europa, vergüenza*. Otros gritaban «Gracias, Serbia». Me tapé los oídos porque aquel alboroto me ponía enferma.

La televisión húngara me puso una cámara delante. «Si Angela Merkel estuviera aquí, ¿qué le dirías?», me preguntaron. «Que nos ayude», contesté.

No quería decir nada más. Odiaba que intentaran utilizar mi silla de ruedas para que los soldados húngaros se apiadaran de mí. Y que los policías llevaran mascarillas blancas como si fuéramos a contagiarles alguna enfermedad.

Había mucho alambre de concertina y una niñita rubia de pie junto a la valla como una estatua, con el brazo extendido como si intentara abrirla. «¡Hungría, abre la puerta! ¡Hungría, abre la puerta!», sollozaba, y a mí se me partió el corazón. «Quiero irme de aquí», le dije a Nasrine.

La situación fue empeorando conforme avanzaba el día. Nasrine me llevó de vuelta siguiendo el reguero de basura que dejaban los refugiados, hasta la carretera principal, que estaba flanqueada de tiendas de campaña. Vimos llegar una columna de vehículos blindados del lado húngaro de la frontera. Salieron cientos de policías antidisturbios y empezaron a lanzar gas lacrimógeno y a apuntar con cañones de agua a la gente que protestaba junto a la valla.

«Hungría es un país con una cultura cristiana milenaria», le dijo Orbán a la policía antes de enviarla a la frontera. «No queremos que esta migración global altere nuestro país».

Después, la policía alegó que había inmigrantes «violentos» que cruzaban la valla «armados con tuberías y palos», pero nosotros no vimos nada de eso. Solo vimos gente lanzando botellas de agua.

Me costaba creer que aquella fuera la Europa con la que soñábamos.

La gente decía que, aunque consiguieras cruzar la frontera y pasar al otro lado, no había ningún sitio donde alojarse, excepto un campo lleno de barro y sin instalaciones de ningún tipo. De vez en cuando llegaban autobuses y la policía hacía subir a los refugiados para llevarlos a campamentos donde se les registraba. Solo los más desesperados subían a aquellos autobuses, porque todos temíamos quedar allí atrapados y que nos deportaran, y habíamos oído historias espantosas acerca de las condiciones de vida en los campos, que al parecer estaban llenos de porquería y de cucarachas. Contaban también que los guardias pegaban a la gente o la obligaban a tomar tranquilizantes para mantenerla en calma. En Facebook había vídeos grabados a escondidas en los que se veía a guardias tratando a los refugiados como si fueran animales y arrojándoles comida. Es curioso, porque para ser refugiado hace falta tener dinero. Entre no-

172

sotros había abogados, médicos, profesores universitarios y empresarios. Éramos seres humanos que antes habíamos tenido un hogar.

Por lo visto había también mucha gente que se había quedado en la estación de Keleti, varada en la calle, donde habían acampado, porque la policía húngara les impedía el acceso a los trenes. Durante un tiempo incluso cerraron por completo la estación. Hubo refugiados a los que metieron en un tren diciéndoles que iban a llevarlos a Austria, y luego el tren se detuvo antes de llegar a la frontera y los llevaron a un campo de refugiados. Por eso ahora la gente se iba a pie.

Todo el mundo denunciaba la actitud de Hungría. El canciller austriaco Werner Faymann llegó a comparar lo que estaban haciendo los húngaros con la deportación de judíos a campos de concentración por parte de los nazis. «Meter a refugiados en trenes y enviarlos a lugares completamente distintos de adonde creen que van nos recuerda al capítulo más siniestro de la historia de nuestro continente», afirmó Faymann.

Era una situación increíble. Hungría era un país del que en 1956 huyeron unas doscientas mil personas después de un conato de revolución que los tanques soviéticos se encargaron de aplastar. Algunos cruzaron aquella misma frontera para pasar a lo que entonces era Yugoslavia, pero la mayoría se dirigieron al norte, hacia Austria, que les abrió sus puertas. Yo, claro, había visto un documental sobre aquello en el que se mostraban las cartas que escribieron los refugiados húngaros para dar las gracias a sus vecinos austriacos por lo bien que los habían tratado.

Nasrine me empujaba de un lado a otro por la carretera, pero la verdad es que no sabíamos qué hacer. Teníamos la impresión de haber quedado atrapadas en el lado equivocado de la frontera y no sabíamos dónde buscar un traficante que pudiera llevarnos. Teníamos pensado, si conseguíamos cruzar, acercarnos a una gasolinera que había al lado de la carretera donde los traficantes se ofrecen a conseguirte un «taxi» hasta Budapest. Se veían coches y furgonetas rondando por allí.

Creo que los vecinos de la zona se compadecían de nosotros. Había voluntarios repartiendo toda clase de comida, y vi a una niña pequeña engullir una lata de maíz dulce.

Yo no cogí nada porque tenía muchísimas ganas de hacer pis. No era fácil encontrar un sitio donde pudiera orinar, así que procuraba no beber mucho para no dar problemas. Pero por suerte controlo muy bien mi vejiga.

Procuré concentrarme en otras cosas. Había una mujer sentada en la cuneta dando de mamar a un bebé con un pijamita lila con nubes blancas. Estaba llorando. El bebé era tan pequeño que debía de haberlo tenido por el camino. Alguien nos contó que había perdido a otro hijo en el tren desde Macedonia. Yo sabía que había muchas familias que se estaban separando, y no quería oír nada de aquello porque ya tenía el ánimo por los suelos.

Entonces un fotógrafo apuntó a la mujer con su cámara y ella se tapó la cara con el velo. Había un montón de periodistas por allí, con sus unidades móviles y sus grandes coches aparcados junto a la carretera. Sé que intentaban hacer su trabajo y contarle al mundo lo que estaba ocurriendo, pero imagino que no saben que nuestra cultura es muy distinta a la suya. Y a veces eso es peligroso. Algunos jóvenes que huían del reclutamiento forzoso habían dejado a sus familias en Siria y no querían que se revelara su identidad.

Me fijé en que los periodistas vestían una especie de uniforme: camisas de botones, vaqueros y botas de senderismo. Yo seguía con los mismos vaqueros y la misma camisa vaquera azul con los hombros bordados que llevaba desde Gaziantep, y no me había cambiado desde que salimos de Atenas. También me fijé en que entrevistaban todos a las mismas personas, como buitres cerrando el círculo sobre una presa.

«¡Eh, hay una chica siria en silla de ruedas que habla inglés!», oí que gritaba uno.

De repente se me echaron todos encima. Una señora estadounidense de la ABC quería saber cómo es que sabía hablar inglés. Le expliqué que lo había aprendido viendo la serie *Days of our lives* y se sorprendió mucho.

«Es una serie genial», le dije. «Pero matan al personaje que más me gusta».

Otro era un señor de la BBC muy simpático llamado Fergal Keane al que Nasrine había conocido en la cubierta del ferry de Atenas, cuando subió a ver salir el sol. Tenía una voz preciosa, como de miel untada en pan. Le dije que quería ser astronauta, ir al espacio y encontrar vida extraterrestre, y también ir a Londres a conocer a la reina, y se rio un montón.

Habíamos perdido ya la esperanza de que Hungría abriera sus puertas y alguien dijo que el presidente de Croacia había dado la bienvenida a los refugiados en un discurso y que podíamos intentarlo por esa ruta y desde allí cruzar a Eslovenia. Era la primera vez que oíamos hablar de algunos de esos países. Oí que alguien decía que la gente estaba cruzando desde Croacia a Eslovenia y que un hombre contestaba: «Eso no puede ser. ¡Eslovenia está en Asia!».

Nasrine me llevó por campos de girasoles marchitos y cogimos un taxi para desandar el camino de la noche anterior y dirigirnos luego hacia el oeste, rumbo a Croacia. Era como si estuviéramos en uno de esos juegos de ordenador en los que te cortan todos los caminos y tienes que buscar uno nuevo.

15

El día más duro

Croacia – Eslovenia, 16-20 de septiembre de 2015

Yo nunca había sido la primera en nada hasta que llegamos a Eslovenia y, cómo no, tuvo que ser en algo malo.

Desde la frontera serbo-húngara, un taxi nos llevó al oeste del país por ciento veinticinco euros, hasta la frontera con Croacia, un trayecto de cerca de hora y media. La mayor parte de esa raya fronteriza discurre a lo largo del río Danubio, pero había un sitio en Apatin, en la ribera oeste del río, por el que se podía cruzar por tierra. Fue así como entramos en Croacia, cruzando a pie un campo de cereal. A mí me hacía ilusión ver un nuevo país, pero me sentía culpable porque a Nasrine le tocaba seguir caminando y empujando mi silla de ruedas, y me puse muy contenta cuando vimos la señal azul con el círculo de estrellas amarillas que indicaba que volvíamos a estar en la UE, porque eso significaba que se habían acabado las fronteras.

Parecía que íbamos otra vez por el buen camino, y probé a contarle a Nasrine cómo imaginaba que iba a ser mi futuro en Europa. Quizá fuera al colegio y hasta a la universidad, y ella podría ayudarme con la Física. A veces a mi hermana le gusta hablar conmigo. Dice que se me da muy bien escuchar y que a mí puede contarme cosas que no le cuenta a nadie más, y que además siempre le doy buenos consejos. Pero noté que estaba agotada y que no tenía ganas de hablar: siempre sé cuándo debo callarme cuando estoy con Nasrine.

Cuando por fin cruzamos la frontera de Croacia la policía nos hizo subir a uno de esos furgones cerrados que usan para trasladar a los presos y nos llevó a un pueblecito cercano. Allí nos metieron en un autobús con otros refugiados. No sabíamos adónde íbamos y oímos decir que iban a tomarnos las huellas dactilares, lo que habría sido un desastre porque tendríamos que quedarnos en Croacia, así que estábamos muy preocupados.

El viaje duró unas cinco horas, a oscuras, y acabó en Zagreb, la capital. Nos llevaron a un edificio que tenía pinta de haber sido un hospital, nos dieron a cada uno una hoja de papel con un número y nos hicieron una foto sujetando el papel como si fuéramos delincuentes. Nasrine tenía el número ochenta y yo el ochenta y uno.

Lo bueno fue que había duchas, así que pudimos lavarnos y cambiarnos. Nasrine lavó la ropa que llevábamos puesta desde que salimos de Grecia y la puso a secar. Cuando acabamos eran cerca de las tres de la madrugada y por fin pudimos dormir.

Al día siguiente había mucha confusión y algunas personas aseguraban que iban a tomarnos las huellas dactilares. Pero no fue así. De repente, a eso del mediodía, nos dejaron marchar. Después nos enteramos de que a los refugiados que llegaron en el siguiente autobús les tomaron las huellas, así que nosotros tuvimos suerte.

Salimos a las calles del centro, parpadeando como topos deslumbrados por el sol. Zagreb es una ciudad preciosa, llena de grandes edificios del imperio de los Habsburgo. Incluso la estación parece un palacio con su majestuosa columnata y una estatua enorme del rey Tomislav, que fue el primer rey que tuvo Croacia hace más de mil años y parecía un poco gruñón. Resultó que no salía ningún tren hacia Eslovenia hasta las cuatro de la tarde, así que teníamos por delante tres horas libres. Por fin podríamos ver uno de los sitios por los que pasábamos.

Fue entonces cuando vimos el cartel rojo y el arco amarillo: mi primer McDonald's. Yo, que tenía un hambre de lobo, le puse a Nasrine mi mejor cara de súplica. Sabía que a ella le preocupaba que nos dejáramos ver en sitios públicos. «Vale», me dijo.

Yo había visto todos los anuncios de McDonald's, claro. Pedí un Big Mac después de asegurarme de que no llevaba nada de cerdo, y también patatas fritas y una Coca-Cola. La hamburguesa venía envuelta en papel y las patatas en una cajita marrón, en vez de en un plato. La hamburguesa era pequeña y gris, no jugosa y reluciente como las de los anuncios, y yo tenía mucha información sobre lo mala que era la carne de las hamburguesas y sobre los efectos que producía sobre el organismo, así que no me hacía muchas ilusiones, pero la verdad es que me gustó, sobre todo después de ponerle un montón de kétchup.

La Coca-Cola, en cambio, no me gustó porque tenía muchas burbujas, y aproveché para contarle a Nasrine un dato interesante: que Islandia es el país del mundo donde más Coca-Cola se consume per cápita. Pero mi hermana no me hizo mucho caso porque estaba mirando Google Maps, intentando descubrir qué ruta debíamos seguir. Resultó que no estábamos muy lejos de Italia. A mí me encantaba la idea de ir allí y ver todas esas obras de arte tan famosas y las ruinas romanas, pero tendríamos que dar un rodeo mucho más largo que si cruzábamos Eslovenia.

Después fuimos a un centro comercial, el primero en el que yo entraba, y allí viví otra experiencia nueva para mí: montar en escalera mecánica. Estuvimos un buen rato intentando descubrir cómo utilizarla con mi silla de ruedas. Fue genial, aunque nos dio un poco de miedo la bajada.

Se nos salían los ojos de las órbitas mirando las tiendas. Aunque nosotras no nos cubrimos la cabeza, siempre llevamos ropa de manga larga y pantalones hasta los pies, y todavía no estábamos acostumbradas a Europa, donde las mujeres enseñan tanta carne. Yo me alegraba de volver a ver la vida normal después de pasar tanto tiempo inmersa en una guerra, conviviendo con los bombardeos y los apagones. Durante una hora, más o menos, pude fingir que era una chica que vivía allí, en Zagreb, en vez de una refugiada sin hogar. Nasrine tenía los ojos muy irritados por el polvo y el polen y hasta se probó unas gafas de sol como si fuéramos dos chicas corrientes que iban de compras.

Entonces vimos que una chica nos miraba mucho. Nos asustamos, pero fue muy simpática. «¡Tú eres la refugiada que salía en una foto del periódico!», dijo.

«Eres famosa», se rio Nasrine. Pero a mí me preocupaba que la gente solo se interesara por mí porque voy en silla de ruedas. «Puede que eso fuera lo que les llamó la atención al principio», me dijo Nasrine, «pero si quisieron hablar contigo fue por tu personalidad».

Algunas veces las hermanas pueden ser tiernas como pajaritos, aunque se equivoquen al elegir equipo de fútbol.

De vuelta en la estación nos enteramos de que las autoridades eslovenas estaban parando los trenes que llegaban de Croacia, así que decidimos invertir parte de nuestro preciado dinero en coger un taxi hasta la frontera. Tuvimos suerte porque el conductor tenía una hermana que vivía en aquella zona y sabía exactamente dónde llevarnos. El paisaje era precioso. Todavía nos costaba creer que Europa fuera tan verde. Y tan limpia. No olía como en Siria. Casi daba la impresión de que la gente perfumaba las calles.

El viaje hacia el oeste nos llevó cerca de una hora y media, y el conductor nos dejó cerca de la frontera con Eslovenia, en una carretera de nombre impronunciable, Zumberacki. Era extraño pensar que todos los países que habíamos cruzado desde que salimos de

Grecia habían formado un solo estado –la antigua Yugoslavia– hasta hacía poco más de diez años. Me pregunté si nuestro país también acabaría partido en trozos.

El taxista nos indicó un campo de flores que teníamos que cruzar. Se estaba poniendo el sol y no veíamos nada delante de nosotras, excepto bosques y las siluetas borrosas y moradas de las montañas. Al poco rato estábamos en Eslovenia. Se nos hacía raro no ver a otros refugiados. Había un pueblecito allí cerca y empezaron a ladrar los perros cuando nos acercamos. Me quedé hipnotizada por las vistas y me encantó sentir la brisa en el pelo y el olor fresco de los pinos. Pero Nasrine estaba muy asustada: no teníamos dónde ir, se estaba haciendo de noche y habíamos oído contar que había ladrones que atracaban a los refugiados, aunque a nosotras ya no nos quedaba gran cosa. «Ay, Dios, vamos a tener que dormir en el bosque», dijo mi hermana.

Entonces oímos pasos. Algún vecino debía de haber llamado a la policía. Creo que Nasrine se sintió aliviada al verlos, aunque cuando dijimos que éramos sirias nos detuvieron. Volvieron a meternos en un furgón policial y nos llevaron a la comisaría de Perisce, un pueblo cercano. Sorprendentemente, en aquel sitio tan pequeño tenían un traductor iraquí y empezaron a hacernos preguntas sobre cómo habíamos cruzado y sobre el viaje desde Siria a través de Turquía, Grecia, Macedonia, etcétera. Yo no entendía por qué querían saber todas esas cosas.

Después de contarles toda la historia, dijeron que iban a tomarnos las huellas. Como no queríamos de ningún modo acabar en Eslovenia, nos negamos. El policía insistió. Le pregunté si estábamos obligadas a hacerlo. «Pareces una persona simpática», me contestó. «¿Quieres hacerlo por las buenas o por las malas?». Me di cuenta de que no teníamos forma de evitarlo.

Fue entonces cuando descubrimos que habíamos tenido muy mala suerte, porque el gobierno esloveno había dicho que los primeros cien refugiados que entraran en Eslovenia serían interrogados y enviados de vuelta a Croacia. Nasrine y yo fuimos las primeras. Típico: la primera vez en mi vida que soy la primera en algo, ¡y tenía que ser algo malo!

Para entonces era ya muy tarde, así que nos encerraron en una celda con barrotes, en la comisaría, y nos dijeron que nos devolverían a Croacia al día siguiente. En la celda había dos catres y un timbre para llamar al guardia si necesitabas algo. A mí no me hacía ninguna gracia estar allí encerrada, pero estaba tan cansada que dormí a pierna suelta por primera vez desde hacía siglos.

A la mañana siguiente esperamos y esperamos. Nos habían dicho que irían a recogernos a las nueve, pero a la una seguíamos sin tener noticias. Por fin llamamos al guardia. Nos dijo que el gobierno croata se había negado a aceptar nuestro regreso.

Entonces nos llevaron fuera, a un patio donde retenían a un montón de refugiados. Nos contaron que habían llegado por tren desde Croacia, que los habían tenido encerrados durante horas en los vagones y que pasado un tiempo los habían llevado allí.

Había un funcionario de ACNUR que me dijo que deberíamos pedir asilo allí, en Eslovenia. Yo me enfadé y le dije: «¡Se supone que tiene que defender a los refugiados! Somos dos chicas en una ciudad extranjera, no vamos a quedarnos aquí solas, esperando durante meses. ¿Qué sería de nosotras?».

Por fin llegó un autobús y nos mandaron subir a él junto con los demás refugiados. Como de costumbre, Nasrine y yo nos sentamos delante. Otra vez no teníamos ni idea de adónde nos llevaban. Había otros sirios en el autobús, y también afganos, pero la mayoría parecían iraquíes. Incluso había un grupo de yazidíes que nos contaron que no solo habían tenido que hacer el mismo viaje que nosotras, sino que primero habían tenido que cruzar Siria. Nos dieron mucha pena porque habían tenido que atravesar dos países en guerra para que, al final del viaje, los alemanes dijeran que solo iban a aceptar a los refugiados sirios.

El autobús atravesó un paisaje que recordaba a los Alpes, con grandes barrancos salpicados de árboles, montañas boscosas, cascadas y lagos. Las señales de la carretera no nos servían para orientarnos porque no entendíamos lo que decían y a las palabras parecían faltarles vocales, pero la gente que iba siguiendo el trayecto por Google Maps dijo que nos dirigíamos hacia el oeste, hacia Liubliana, la capital.

Estaba empezando a oscurecer cuando llegamos al Centro para Extranjeros de Postojna, un edificio de dos plantas con rejas en las ventanas que me dio mucho miedo y que resultó ser un cuartel militar.

Subieron unos policías al autobús y anunciaron que iban a llevarse nuestros teléfonos, nuestro dinero y todos nuestros objetos de valor. Estábamos muy preocupados. «Van a encerrarnos ahí, sino ¿para qué van a llevarse nuestros teléfonos?», dijo un señor.

«¡No pensamos bajar del autobús!», gritó alguien.

Imagino que los iraquíes eran chiíes porque empezaron a rezar a Alí (fue la primera vez que oí rezar a un chií). Los suníes decimos «No hay más Dios que Alá y Mahoma es su profeta», pero los chiíes añaden una frase al final: «Y Alí es el amigo de Dios». Procuré hacer oídos sordos porque nosotros no somos politeístas.

Al oírlos me acordé de cuando vi la boda del príncipe Guillermo de Inglaterra por la tele, cuando todavía estábamos en Alepo. Nasrine estaba limpiando en ese momento y cuando el príncipe Guillermo y Kate Middleton hicieron sus votos matrimoniales y se intercambiaron los anillos dijeron: «En el nombre del Padre, del Hijo y del Espíritu Santo». Yo no lo entendí porque en ese momento no sabía nada del Cristianismo, pero Nasrine exclamó: «¡Qué gente tan ignorante!».

Nos impresionó mucho ver a los chiíes rezando y lamentándose. Nasrine empezó a llorar. Luego alguien dijo que conocía a una persona que había estado dos meses encerrada en un campo, y a todos nos entró el pánico. La gente empezó a preguntar qué garantías había de que nos dejaran salir una vez estuviéramos dentro.

Por fin los policías se hartaron y nos ordenaron desalojar el autobús. Luego nos condujeron al centro de internamiento. Aunque dejaron que nos quedáramos con nuestros teléfonos, no teníamos línea ni wifi, así que no podíamos ver dónde estábamos, y yo me puse a llorar porque pensaba que no volveríamos a ver la luz del sol.

Pero entonces pensé que eran obstáculos como aquellos los que tendría que superar en un país nuevo, y empecé a tranquilizarme. Me acordé de Nelson Mandela y de los veintisiete años que había pasado en prisión sin perder los ánimos, y de Abdullah Ocalan, el líder del PKK kurdo, al que los turcos tenían encarcelado desde 1999. Pero no era una idea muy alegre que digamos, así que intenté concentrarme en la lista de la dinastía Romanov, que normalmente siempre me daba resultado.

En el centro de internamiento nos dividieron en dos grupos: hombres solos y familias. A Nasrine y a mí nos llevaron a una habitación con una familia afgana. La mujer iba tapada y había también un hombre y un niño pequeño, y no entendíamos ni una palabra de lo que decían. Los afganos nos daban un poco de miedo por la pelea que armaron en Lesbos, y porque siempre se negaban a hacer cola en los puestos fronterizos. A veces, cuando llegaban a una frontera, intentaban hacerse pasar por sirios porque los alemanes habían dicho que solo aceptarían a refugiados de Siria, pero nosotras no creíamos que engañaran a nadie, porque su idioma y su aspecto físico eran completamente distintos.

Luego oímos a alguien fuera hablando en árabe, un sirio que se quejaba a un guardia de que su mujer no podía dormir en la misma habitación que un extranjero al que no conocían de nada. Después de aquello, entró el guardia, se llevó a los afganos y trajo a los sirios.

Eran de Idlib, una ciudad del norte de Siria que después de una gran batalla que perdió El Asad había quedado en manos del Frente Al Nusra. El grupo comprendía un hombre casado, su esposa y un bebé, el hermano de ella y una mujer que, según nos contó, había venido sola porque su marido había muerto en un bombardeo. Nos enseñó las fotografías de sus hijos que tenía en el móvil. Los había dejado en un campo de refugiados en Líbano. Como no podía llevarlos a todos hasta Alemania, había pensado hacer el viaje sola, pedir asilo y luego solicitar la reagrupación familiar para traerse a sus hijos. Por lo visto había mucha gente que intentaba hacer lo mismo, pero nosotras sabíamos por Bland que no era tan sencillo.

La familia de Idlib era muy amable, pero yo estaba tan agotada que no podía seguir escuchando más historias tristes. Fue una noche muy dura. Había seis literas, y mi hermana y yo ocupamos una, yo abajo y ella arriba. Las camas eran incómodas y a mí me daba miedo caerme de la cama. Además, había un mosquito que no paraba de molestarme. Soñé que *ayee* estaba durmiendo a mi lado, pero cuando intenté acercarme a ella me desperté y, al ver que no estaba allí, me puse muy triste. Luego, a las cuatro de la mañana, nos despertamos porque la otra familia había puesto la alarma del móvil para que sonara a la hora del rezo.

Nasrine me contó que cuando oyó el pitido soñó que estaba haciendo una peregrinación como el *hach* a La Meca, solo que en Eslovenia y con todo el mundo vestido de blanco. Mi hermana tiene costumbre de rezar a diario y creo que se sentía culpable por no estar cumpliendo con sus oraciones durante el viaje.

Después de desayunar pan con queso salimos al exterior. Había un patio donde algunos refugiados estaban jugando al fútbol, y estaba todo rodeado por una malla metálica incluso la parte de arriba, así que daba la impresión de que hasta el cielo estaba vallado. Fue lo que más me asustó. Pensé: «Estoy presa aquí».

Dentro había un salón con una tele y estaba puesta Al Yazira. La noticia más destacada era la crisis de los refugiados –una «marea humana», decían–, y estuvimos un rato mirando los informativos para ver lo que pasaba en las fronteras. Vimos que la frontera húngara seguía cerrada y que cada vez entraba más gente en Croacia: unas once mil personas hasta ese momento. Por lo visto, el gobierno croata había cerrado prácticamente todos los pasos fronterizos por carretera y advertía de que no podía seguir aceptando refugiados. Eslovenia había detenido por completo el tráfico de ferrocarriles desde Croacia y avisaba de que iba a introducir controles fronterizos. Hasta Alemania estaba tan abrumada que había suspendido el tráfico de trenes procedentes de Austria. Había un vídeo en el que se veía a una muchedumbre saliendo en estampida para coger un autobús a Croacia y a un enjambre de refugiados cruzando el campo. Era como si fuéramos una tribu perdida a la que empujaban de frontera en frontera.

Después pasaron a Bruselas, donde los mandatarios de la UE, muy trajeados, seguían manteniendo reuniones para debatir la «crisis migratoria». Estaban todos de acuerdo en que la situación era muy grave y en que había que hacer algo, pero ninguno de ellos parecía querernos, y además se les veía muy enfadados con Alemania. No pude evitar pensar que éramos muchos, sí, pero que aun siendo un millón no representábamos ni el 0,2 por ciento de los quinientos millones de personas que vivían en la Unión Europea, y que nosotros, por tradición, jamás rechazaríamos a los necesitados.

«La Unión Europea no se encuentra en buena situación», comentó un señor con gafas, muy serio, llamado Jean-Claude Juncker, que estiraba el cuello como mi tortuga y que según ponía en la tele era el presidente de la Comisión Europea (yo no sabía muy bien qué era eso). «Falta Europa en esta Europa, y unión en esta unión».

Me pregunté por qué no hacía algo si estaba al mando. Era como si todo el mundo quisiera perdernos de vista.

No se hablaba más que de la crisis migratoria. En el centro había mucha gente de Alepo, igual que nosotras, pero hacía menos tiempo que se habían marchado de allí y contaban historias horribles sobre el hambre y los bombardeos.

Nasrine habló con los yazidíes (su dialecto es parecido al nuestro, el kurmanji). Había una chica que tenía dos hermanos a los que había matado el Daesh cuando huían a las montañas y una hermana a la que habían secuestrado. Ella y otras chicas que consiguieron escapar se arañaron la cara para afearse y que el Daesh no se las llevara. Sus padres habían vendido todo lo que les quedaba, incluyendo el oro de la madre, para que ella pudiera marcharse. «En Irak no nos espera nada bueno», decía. Se había tatuado su nombre y sus apellidos en la muñeca por si acaso la mataban y nadie sabía quién era.

Conocimos también a una familia palestina con seis niños, entre ellos dos parejas de gemelos, que nos contaron que eran refugiados por partida doble porque su familia ya había huido a Siria en 1948, cuando acabó el mandato británico en Palestina y las milicias judías empezaron a asaltar pueblos y a apoderarse de territorios para el nuevo estado de Israel. En Siria había cerca de medio millón de palestinos antes de que empezara la guerra, cuando todavía se vivía bien en el país.

Aquella familia se había criado allí, en Yarmouk, un gran campo de refugiados que había al sur de Damasco y que según contaban era como un municipio, con sus escuelas, sus hospitales y hasta sus propios periódicos. Habían intentado mantenerse al margen de la revolución, pero en 2012 el régimen decidió que la zona se había convertido en un nido de insurgentes y bombardeó el campamento. Todos los días había intercambio de morteros entre los dos bandos, así que finalmente huyeron a un campamento de Líbano. Pero allí llevaban una vida mísera, según contaban, porque los palestinos no reciben el mismo trato que los sirios y tenían que pagar por el permiso de residencia y, además, un alquiler en el campamento. Al principio pensaron que El Asad tardaría poco en ser derrocado y que podrían volver a Yarmouk. Pero no fue así. Y con el paso del tiempo, a medida que iba llegando gente, a los libaneses se les fue agotando la compasión que sentían por los sirios. Ahora hay cerca de un millón doscientos mil sirios viviendo en Líbano, el equivalente a casi un cuarto de la población del país, y es una franja de territorio muy estrecha.

Aquella familia palestina contaba con muy poco dinero y en el campamento escaseaba la comida, así que, cuando oyeron las palabras de *Frau* Merkel y vieron que la gente se iba a Alemania, decidieron intentarlo.

Pagaron a unos traficantes para que los llevaran a Turquía y desde allí en barca hasta Grecia, a la isla de Cos. Por lo visto allí las condiciones eran peores que en Lesbos porque el alcalde odiaba a los refugiados y los encerraba en un campo de fútbol sin nada de agua. Por fin consiguieron la documentación oficial y subieron a un ferry con destino a Atenas. El ferry salía de madrugada, como el nuestro, así que se echaron a dormir. Pero cuando despertaron a la mañana siguiente vieron que el barco no se había movido. La gente se enfadó tanto que hubo motines. Al final zarpó el ferry y, tras ocho horas de viaje, paró y se bajaron. Solo entonces se dieron cuenta de que no estaban en Atenas, sino en Mitilene, en la isla de Lesbos.

Pero mientras contaban todo esto se reían un montón. Los refugiados somos muy resistentes.

Me sorprendía lo tranquila que estaba Nasrine, quizá porque la familia de Idlib había prometido acompañarnos hasta Alemania, de modo que no estaríamos solas.

Para mí aquel fue el peor día del viaje. Lo habíamos perdido todo (nuestro país, nuestro hogar, a mis tíos), y estábamos separadas de nuestra familia y encerradas en una especie de prisión. En realidad va contra la ley encerrar a los refugiados, pero ¿qué podíamos hacer? A mí me asustaba que nos tuvieran allí tres o cuatro meses.

Estando allí, rodeada de policías y sin poder salir, me di cuenta de lo preciosa que es la libertad y de lo importante que es ser libre. Fue el día en que comprendí por qué habíamos iniciado aquella revolución a pesar de que El Asad hubiera reaccionado llevando al país a la destrucción. Ya no podía fingir que estaba de vacaciones recorriendo Europa: por fin tomé conciencia de que era de verdad una refugiada.

Lo único bueno del centro de internamiento era la comida, sobre todo un refresco de escaramujo de color rojo que se llamaba Cockta y que sabía a hierbas y a pétalos y que a mí me recordaba al *salep* que tanto me gustaba cuando era pequeña.

Pero entonces nos enteramos de que los iraquíes habían conseguido salir poniéndose en huelga de hambre y decidimos hacer lo mismo. La amenaza funcionó y por fin al día siguiente, cuando llevábamos allí dos noches, los eslovenos nos dejaron marchar y nos llevaron en autobús hasta un campamento al aire libre en un sitio llamado Logatec.

Solo al marcharnos de Postojna me di cuenta de lo bonita que era aquella zona, toda rodeada de naturaleza y montañas verdes. Más adelante busqué el sitio en Internet y leí que en una cueva que había en las montañas, justo por encima de donde estábamos, habían nacido crías de olm, una especie de dragón. Ni siquiera sabía que los dragones existieran de verdad. Me dio mucha pena que solo viéramos policías y refugiados en los países que atravesábamos.

16

Sonrisas y lágrimas

Eslovenia – Austria, 20-21 de septiembre de 2015

Me daba un poco de miedo entrar en Austria por dos razones. Primero porque, como le dije a Nasrine, allí había nacido Hitler, el causante de la última crisis masiva de refugiados que había vivido Europa. Y segundo, porque el mes anterior habían muerto setenta y un refugiados en aquel país, asfixiados dentro de un camión frigorífico destinado al transporte de carne de pollo. El camión estaba abandonado en la cuneta de una carretera entre Budapest y Viena cuando la policía austriaca se fijó en él porque salía líquido de su parte trasera. Cuando lo abrieron el olor a muerte era insoportable porque estaba lleno de cadáveres en descomposición, entre ellos ocho mujeres, tres niños y un bebé de año y medio. Había abolladuras en las paredes, de los golpes que había dado aquella pobre gente mientras se les agotaba el oxígeno.

Durante el viaje, aparte del tramo entre Turquía y Grecia, Nasrine y yo habíamos procurado evitar a los traficantes, aunque para ello hubiéramos tenido que pagar de más a los taxistas. Pero en general habíamos tenido suerte, quizá debido a las ventajas de mi discapacidad, y casi todo el mundo había intentado echarnos una mano por el camino. Sabíamos que muchos refugiados recorrían a pie cientos de kilómetros. Y solo en Turquía y Grecia habíamos tenido que dormir a la intemperie. A veces decíamos en broma que éramos refugiadas de cinco estrellas.

Estábamos ya tan cerca de la meta (solo nos quedaba un país por cruzar) que no queríamos correr ningún riesgo. Austria había reinstaurado los controles fronterizos y uno de nuestros primos nos había dicho que estaba mandando a los refugiados a un centro de internamiento para reducir la presión sobre Alemania, y decidimos bajarnos del tren entre Logatec y Austria una parada antes de llegar a la frontera, por si acaso subía la policía y empezaba a detener a la gente.

El tren iba a la ciudad austriaca de Graz, pero nosotras nos apeamos en la última parada de Eslovenia, que era Maribor. La familia de Idlib con la que viajábamos pensó que éramos tontas y se quedó en el tren. Mientras Nasrine empujaba mi silla, varias personas intentaron detenernos diciendo: «¡Esto no es Austria, es Eslovenia!».

«Ya lo sé», contesté yo, aunque a mí aquel plan me parecía una tontería porque teníamos un aspecto horrible y estábamos agotadas, y la gente iba a pensar que qué hacíamos allí y a sospechar de nosotras.

Austria está tan cerca de Maribor que muchos eslovenos cruzan a diario para ir a trabajar allí, pero resultó que aún faltaban veintidós kilómetros para la frontera, así que no podíamos hacer el último tramo a pie, como pensábamos. Echamos a andar por la carretera, buscando un taxi. Teníamos un aspecto tan patético que creo que si nos hubiera visto alguien se habría echado a llorar.

Enseguida nos dimos cuenta de que nuestro plan era absurdo, porque unos voluntarios que llevaban un coche cargado con comida para los refugiados se pararon y nos dijeron que ni a pie ni por carretera había forma de evitar a la policía en la frontera. Que el mejor modo de cruzar era el tren. Entonces nos llamaron nuestros amigos de Idlib para decirnos que habían llegado a Graz sin ningún problema, así que estaba claro que nos habíamos equivocado.

Los voluntarios nos hicieron el favor de llamar a un taxi, y el conductor nos cobró la mitad de la tarifa normal por ser refugiadas. Nos dimos cuenta de que habíamos cruzado toda Eslovenia casi sin pagar nada. Así que no todo el mundo nos odia.

Como pasaba siempre que entrábamos en un nuevo país (o eso parecía, por lo menos), el sol se estaba poniendo cuando llegamos a Austria. Yo estaba un poco confusa porque no había ninguna señal que indicara que estábamos en otro país: ni una bandera, ni nada.

El taxi nos dejó junto a una barrera policial, en un sitio llamado Spielfeld donde había un montón de tiendas de campaña y algunos voluntarios de la Cruz Roja y de la Orden de Malta. Un intérprete que hablaba árabe egipcio nos encaminó hacia una carpa en la que daban un bocadillo y una manta y allí nos dijeron que más tarde llegaría un autobús que llevaba a un campo de refugiados en Graz. No me gustó aquel sitio porque hacía mucho frío, no había colchones y tampoco tiendas suficientes, y algunos refugiados estaban durmiendo a la intemperie. Alguien nos dijo que podíamos marcharnos si queríamos, pero que si nos pillaba la policía nos tomarían las huellas dactilares y nos veríamos obligadas a pedir asilo en Austria, así que no sabíamos qué hacer.

Había muchísima gente allí, y algunos decían que llevaban esperando el autobús desde las ocho de la mañana. Estuvimos esperando tanto rato que nos hicimos a la idea de que tendríamos que pasar la noche allí. Yo estaba completamente agotada y tiritaba de frío. Por fin, a medianoche, llegó el autobús. Nos llevó a Graz, el lugar de nacimiento del archiduque Francisco Fernando. Yo lo sabía porque una vez vi un documental sobre los asesinatos más importantes de la historia. Estaba convencida de que el primero sería el de Mahatma Gandhi, pero no: era el del archiduque Fernando porque, naturalmente, habían establecido el orden de importancia según el impacto que habían tenido los asesinatos sobre la historia del mundo. ¡Tonta de mí!

Nos bajamos del autobús en el centro de tránsito para refugiados y unos traductores que llevaban megáfonos y chalecos naranjas fluorescentes nos gritaron en distintas lenguas que nos pusiéramos en fila. Algunos de los refugiados eran abogados, médicos o gente importante en sus lugares de origen, pero allí, guardando cola, agotados por el viaje y con sus pertenencias metidas en mochilas, macutos y bolsas de la compra, tenían todos un aspecto triste y derrotado.

Nos dividieron en dos grupos: los que querían quedarse en Austria y los que confiaban en llegar a Alemania, o sea, la inmensa mayoría.

Nos dieron a todos, incluso a los niños pequeños y a los bebés, una pulsera verde. Aquello me impresionó mucho porque me recordó a las insignias amarillas que los nazis obligaban a llevar a los judíos, pero los voluntarios nos explicaron que necesitábamos las pulseras para el reparto de comida. Llevaban unos números y, cuando nos llamaran por el nuestro, tendríamos que subir a un autobús que nos llevaría a la frontera austro-alemana. Nasrine y yo teníamos el setecientos uno y el setecientos dos, o sea, que podíamos estar allí mucho tiempo porque en cada autobús solo cabían cuarenta personas, y nos habían dicho que solo salían cuatro o cinco autobuses al día. Es curioso, porque Austria es un país rico, pero hasta ellos parecían desbordados por la avalancha de refugiados.

Después de darnos las pulseras nos llevaron al centro de refugiados, que era un antiguo supermercado. Antes de salir de Turquía yo me había preparado para el viaje aprendiendo unas cuantas palabras en alemán, así que intenté preguntar a un voluntario si había té caliente. Me dieron leche fría. Había alargadores colgando cerca de la entrada y, como todo el mundo, lo primero que hicimos fue poner a cargar nuestro móvil, que era nuestro salvavidas.

Dentro había filas y filas de camas plegables metálicas de color verde, parecidas a catres de cuartel o a camillas. Casi todas estaban ocupadas. Debía de haber mil personas allí dentro. Estaba todo abarrotado y era muy agobiante. El aire estaba viciado y, como había tanta gente y hacía días o semanas que no se lavaban, igual que nosotras, olía muy mal. Había además mucha luz, porque el local estaba iluminado por grandes fluorescentes. Los voluntarios nos condujeron a unos catres que estaban libres y nos ofrecieron dos mantas grises muy gruesas o *Decke*: la primera palabra en alemán que aprendí en Europa.

Estábamos intentando dormir cuando empezaron a oírse gritos furiosos. Un grupo de hombres afganos y sirios se estaban peleando por los enchufes de la zona de carga. Me di cuenta entonces de lo mal que nos portábamos todos por culpa de la guerra.

De pronto apagaron las luces y yo intenté dormir, pero me costaba conciliar el sueño con tantos niños llorando, y además hacía mucho frío. En la carpa había un solo radiador que no tenía suficiente potencia para calentar a tanta gente, y las mantas tampoco bastaban. Nasrine sacó toda la ropa que llevábamos en la mochila y me arropó con ella, pero yo seguía teniendo frío y me dolían los dientes.

El campo lo dirigía el ejército austriaco y por la mañana vinieron unos soldados a limpiar la carpa y a recoger las botellas de agua vacías y los desperdicios.

Mientras esperábamos, Nasrine se puso a hablar con la gente de los catres vecinos. Yo no hablé con ellos, claro, porque siempre procuro hacer oídos sordos a las cosas malas. Algunos hablaban de adónde ir, de si debían intentar llegar a Suecia, Dinamarca u Holanda, porque Alemania se estaba llenando de refugiados. Otros contaban parte de su historia.

Una de nuestras vecinas era una chica muy guapa que se llamaba Hiba. Era unos años mayor que yo y estaba llorando porque había tenido que separarse de su novio en Hungría. Era de Damasco, donde estudiaba Economía, y se había marchado con sus hermanos y la familia de su novio después de que a su hermano mayor lo llamaran a filas y lo mataran en la guerra. Aunque formaban un grupo muy grande y viajaban todos juntos, en Hungría lo habían pasado fatal porque habían estado atrapados durante días en la estación de Keleti. Luego recurrieron a un traficante para llegar a la frontera austriaca, pero no les permitieron entrar. Allí se enteraron de que el día anterior había muerto toda esa gente asfixiada en el camión frigorífico. Después de aquello, la familia de su novio decidió darse por vencida, irse a un campo de refugiados y pedir asilo en Hungría. Su novio no tuvo más remedio que acompañarlos. Hiba y sus hermanos decidieron regresar a Budapest y buscar otro traficante para seguir viaje hasta Austria. Esta vez lo lograron. Ahora ella le mandaba mensajes al chico por el *messenger* de Facebook, y él no contestaba. Lo único que le quedaba era un oso de peluche rosa que le había regalado él. Al contarnos cómo había visto marchar a su novio en el autobús de la policía húngara, dijo: «Las despedidas no molan nada». Su historia era como la de Romeo y Julieta, o como la de Mem y Zin.

Al ir al aseo vi a un montón de mujeres con velo, pero también a una chica con el pelo largo y rubio que, aunque era siria, parecía europea. Nos contó que la gente del campo estaba teniendo que esperar dos o tres días a que le tocara el turno de subir al autobús. Yo no me imaginaba teniendo que quedarme tres días en aquel sitio espantoso, así que intentamos utilizar mi asma como excusa. Fuimos al centro de atención médica y le dijimos al doctor que no podía quedarme allí porque era demasiado asfixiante, pero nos contestó que tendríamos que esperar.

Luego un voluntario empezó a llamar por número a la gente que se iría en el siguiente autobús. Eran números muy inferiores al nuestro. Decenas de refugiados se precipitaron hacia las puertas que, al abrirse, los conducirían al autobús que iba a llevarlos a la frontera alemana. La gente se empujaba para pasar aunque no fuera su turno, y los voluntarios, con sus chalecos naranjas, trataban de contener a la muchedumbre.

Yo estaba deseando salir de allí. Los refugiados viven pendientes de los rumores y de los mensajes de Facebook, y oímos decir que los trenes entre Austria y Alemania habían vuelto a circular. Alguien nos dijo que, si tenías dinero, podías tomar un taxi hasta la estación de Graz y allí coger un tren, y eso decidimos hacer a pesar de que nos daba miedo que nos detuviera la policía y nos tomara las huellas.

El taxista, que era egipcio, empezó a hablarnos del impacto que había tenido la llegada repentina de tantos inmigrantes. Los refugiados iban caminando por la carretera y los austriacos no sabían qué hacer. Dijo que era como si de pronto hubieran empezado a crecer por todas partes plantas de países lejanos: todo lo que hacían era diferente. A Nasrine y a mí nos hizo mucha gracia imaginarnos como dos plantas exóticas.

Como llevábamos la silla de ruedas, alguien nos ayudó a subir al tren. Una vez dentro, algunos sirios intentaron hablar con nosotras, pero Nasrine y yo procuramos escabullirnos porque, si la policía subía al tren, no queríamos que pareciera que formábamos parte de un grupo de refugiados.

Nasrine se sentía muy aliviada por que faltara tan poco para llegar a Alemania. «Esto sí que parece Europa occidental», comentó.

A mí, estar tan cerca de nuestra meta me hacía feliz y al mismo tiempo me entristecía. Europa era exactamente como la imaginaba en mis sueños (la naturaleza, el verdor), aunque yo, claro, prefería mi país. Casi no nos creíamos lo limpias que estaban las calles. El taxista egipcio nos había contado que en Austria tenías que pagar una multa si tirabas un paquete de cigarrillos vacío por la ventanilla del coche, como hacía la gente en Siria constantemente.

Pero me daba pena que nuestro viaje casi hubiera concluido y tener que volver a estar encerrada en mi habitación. Durante las tres semanas anteriores me había sentido como todos los demás, había vivido acontecimientos reales, aunque mi hermana hubiera tenido que empujar mi silla de ruedas.

Mientras cruzábamos los Alpes, entre montañas nevadas y pueblecitos con chalés de madera e iglesias con cúpulas en forma de cebolla, me acordé de Heidi, que vivía en aquella región con el gruñón de su abuelo y Pedro, el cabrero. Leo a menudo ese libro porque no hay muchas novelas en las que salgan personajes discapacitados, y Heidi tiene a Clara, su amiga inválida que viene a pasar una temporada, lo que pone a Pedro celoso. Pedro tira la silla de ruedas de Clara montaña abajo y luego ella aprende a caminar gracias al saludable aire de los Alpes. También me encanta el capítulo en que Heidi rescata a una camada de gatitos de la torre del reloj de la mansión donde vive Clara y el ama de llaves se pone a chillar. Yo también habría chillado.

Los prados verdes me hacían pensar en *Sonrisas y lágrimas* y en María brincando por la hierba con su delantal de institutriz. No podía evitar imaginármela como en la película, lo que era un fastidio porque yo había leído *La historia de los cantantes de la familia Trapp*, el libro de la auténtica María von Trapp, y la película me lo echó a perder.

Por cierto, que me sé de memoria los nombres de los niños auténticos de *Sonrisas y lágrimas*. El mayor era un chico llamado Rupert, no una chica llamada Liesl, y eran diez, no siete. Además, el capitán Von Trapp no era un hombre severo, como en la película, y tocaba el violín, no la guitarra. Es como lo de Siria y El Asad: los de arriba siempre nos engañan.

Los Von Trapp también eran refugiados. Huyeron de Austria después de que los nazis ocuparan el país en 1938. Y se marcharon en tren, como nosotras, no escaparon por las montañas como en la película. Se fueron a dar una gira de conciertos y nunca volvieron. Luego fueron en barco hasta Nueva York y al llegar solo les quedaban unos pocos dólares.

Era una historia que a Nasrine y a mí nos sonaba mucho, aunque nosotras huyéramos hacia Alemania y no al revés. Por suerte nos faltaba muy poco para llegar, porque a nosotras también se nos estaba agotando el dinero: ya casi no nos quedaba nada del que nos habían mandado Mustafa y Farhad.

Cuando llegamos a Salzburgo subió la policía al tren y mandó bajar a todos los sirios. Nos dimos cuenta entonces de que éramos varios centenares. Adiós a nuestro intento de no llamar la atención. La estación también estaba llena de refugiados: habían llegado tantos desde que la frontera húngara estaba cerrada y se había abierto la nueva ruta desde Eslovenia, que el ayuntamiento había tenido que convertir el aparcamiento subterráneo en un campamento. Parecía bien organizado, con camas, puesto de primeros auxilios y una zona de juegos para los niños. Incluso había vecinos de la ciudad que llevaban pancartas que decían *Wilkommen* y *Welcome Refugees* y que repartían peras y plátanos.

Nos indicaron un autobús que nos llevó a un cuartel militar cerca de un puente sobre el río Saalach. Allí volvió a subir la policía al autobús y nos dijo que saliéramos. Los militares austriacos distribuyeron agua y galletas. Por último, a una señal suya, empezamos a cruzar el puente a pie, en grupitos de veinte personas, y fue así como entramos en Alemania. Bueno, yo no fui caminando, claro. Ojalá hubiera podido. Quizá me haga falta un Pedro que tire mi silla de ruedas.

Mientras cruzábamos alguien me dio un paquete de ositos de gominola. Al llegar al otro lado no sabíamos adónde dirigirnos, pero alguien había escrito en el suelo con tiza naranja *Germani*, y había pintado unas flechas del mismo color. Era como en el cuento de *Hansel y Gretel*: como si nos diera indicaciones para llegar a casa y Alemania fuera nuestro hogar. Pero, como no había banderas alemanas por ningún sitio, no estábamos seguros de haber llegado a nuestro destino.

—¿Dónde está Alemania? —le pregunté a un policía.

—Bienvenida a Alemania —contestó con una sonrisa.

17

Gracias, mamá Merkel

Rosenheim – Dortmund – Essen (Alemania), 21 de septiembre-15 de octubre de 2015

El día que entramos en Alemania, mi hermana Nasrine cumplía veintiséis años. Habíamos tardado justo un mes en llegar desde Gaziantep y yo tenía la parte de abajo de los brazos llena de moratones, de los golpes que me había dado contra la silla. Pero lo habíamos conseguido. Desde nuestra marcha de Alepo habíamos recorrido más de cinco mil seiscientos kilómetros a través de nueve países, pasando de la guerra a la paz. Un viaje hacia una nueva vida, como mi nombre.

De pronto, nos olvidamos del «quizá si...» y empezamos a pensar en el «cuando». Yo miraba a los alemanes y pensaba: «Algún día hablaré como ellos, viviré como ellos, amaré como ellos. Puede que incluso camine como ellos». Llamamos a *ayee* y a *yaba* para decirles que habíamos llegado y se echaron a llorar. Luego llamamos a Bland para decirle que nos veríamos pronto. Nosotras también lloramos, igual que otros refugiados. Era como si nos hubiéramos quitado un gran peso de encima. No sabíamos qué iba a pasar después, pero habíamos alcanzado nuestra meta geográfica.

Primero nos tocó esperar, porque después de cruzar el puente del Saalach para llegar a Freilassing, en Alemania, había gente por todas partes a ambos lados de la carretera y la policía nos indicó que nos metiéramos debajo del puente y nos pusiéramos en fila. Había una cola muy larga de sirios, iraquíes, afganos, paquistaníes y algunas personas de piel muy negra que supuse que venían de África.

«Me voy delante», le dije a un policía. «No puedo estar aquí, en esta cola tan larga». Pero esta vez las ventajas de la discapacidad no dieron resultado. Miró los ositos de gominola que me habían regalado. «Eres musulmana, ¿verdad?», me preguntó. «Sí», le contesté. «Dame las chucherías», me dijo. «Tienen un montón de gelatina».

Así que nos quedamos allí esperando. No nos dieron nada de beber y empezó a hacer frío. Aquella no era la bienvenida que esperábamos.

Pasamos cinco horas esperando debajo de aquel puente. Puede que no parezca mucho tiempo después de tantas semanas de viaje y de años aguantando a El Asad o a los talibanes, o a cualquiera de esos monstruos de los que huíamos, pero era muy duro sabernos tan cerca del final y estar allí inmovilizados sin saber por qué.

Por fin nos dijeron que volviéramos a subir al puente. Revisaron nuestras bolsas, nos hicieron montar en un autocar de la policía y nos llevaron por las montañas y los bosques de Heidi, más allá de un lago de aguas azules y cristalinas, hasta Rosenheim, una ciudad de Baviera situada a unos ochenta kilómetros al oeste.

El centro para refugiados estaba dentro de una especie de mercado cerrado. Igual que en Austria, nos dieron pulseritas numeradas, rojas esta vez, y nos dijeron que nos irían llamando por número cuando nos tocara el turno de subir al autobús que nos llevaría a la siguiente escala del viaje. A Nasrine y a mí nos dieron las pulseras número 12 y 13, así que pensamos que nos llamarían de las primeras, pero resultó que había trescientas pulseras verdes, trescientas azules y cien naranjas delante de las nuestras. Luego nos informaron de que solo podían trasladar a cincuenta personas al día, así que calculamos que podíamos estar allí días y días.

En Alemania, como imaginábamos, todo estaba muy organizado. Nos dirigieron a lo que llamaban *Bearbeitungstrasse*, o calle de Tramitación, en un polideportivo. Nos dieron bolsas de plástico para guardar nuestros teléfonos y objetos de valor, nos fotografiaron y nos examinaron por si teníamos enfermedades contagiosas como tuberculosis o sarna. Comprendo que sea necesario llevar registro de todo pero, francamente, los refugiados no somos una enfermedad ni una epidemia. Aun así no me quejo, porque al menos Alemania nos abrió sus puertas, no como otros países de la UE.

Por último, nos tomaron las huellas dactilares. Esta vez no nos dio miedo, y se nos hizo muy raro no tenerlo. Nos dieron un documento llamado *Anlaufbescheinigung* que nos daba permiso para viajar a Múnich a solicitar asilo.

Pero nosotras no queríamos ir a Múnich, sino a Dortmund, donde vivía Bland. Les dije: «No quiero quedarme aquí, quiero ver a mi hermano», pero me dijeron que Múnich era el punto de entrada oficial para los refugiados. El problema era que estaba saturado porque todos los días llegaban unas trece mil personas pidiendo asilo.

O sea, que tendríamos que seguir esperando. El centro para refugiados estaba abarrotado. Había cientos de personas echadas en sus catres, con aspecto de estar aburridas. Había una zona con juguetes como *legos* y ositos de peluche donados por la gente, pero aun así muchos niños lloraban, hartos de que los llevaran de acá para allá y de estar encerrados. Hacía un calor sofocante y la gente se mareaba: vimos desmayarse a una mujer en el cuarto de baño. Había largas colas solo para conseguir un sándwich.

Allí coincidimos por primera vez con personas que habían llegado por la otra ruta, cruzando por mar hasta Italia. Su travesía por el Mediterráneo desde Libia hasta una islita llamada Lampedusa en destartalados barquitos de pesca sonaba aterradora. Muchos barcos se habían hundido y centenares de personas se habían ahogado en mar abierto.

Había muchas personas que, como nosotras, trataban de llegar a otros sitios de Alemania donde ya tenían familia. Al final, con ayuda de una voluntaria que se compadeció de nosotras, conseguimos esconder nuestras pulseras y subir a un autobús que salía antes que el nuestro. El autobús iba a otro centro para refugiados en un pueblo llamado Neumarkt, no muy lejos de Núremberg. Al llegar volvieron a pedirnos nuestros nombres para el registro. Como no queríamos quedarnos allí atascadas, les dijimos que íbamos a salir un rato a tomar el aire. Al otro lado de la carretera había una gasolinera, y allí nos hicieron el favor de llamar a un taxi que nos llevó a Núremberg.

Núremberg es un ciudad muy bonita, con edificios pintados de colores como casitas de caramelo y torreones con capuchón puntiagudo como los de los cuentos de hadas. Mirábamos embobadas los escaparates de las pastelerías, con sus pasteles de chocolate pegajoso y sus *apfelstrudels*, sobre los que yo había leído muchas cosas. Nasrine dijo que se alegraba de haber hecho el viaje así, porque gracias a que habíamos pasado por tantos países habíamos tenido tiempo de adaptarnos, mientras que si hubiéramos llegado directamente en avión a Alemania nos habríamos sentido completamente desorientadas. Yo le di la razón: habría sido un *shock*.

Luego vimos otro McDonald's y me comí mi primera hamburguesa en mi nuevo país. Mientras comíamos empezaron a cerrárseme los ojos. De pronto me sentía terriblemente cansada. Me había esforzado al máximo para llegar hasta allí, y ya solo quería que el viaje se acabara de una vez. El plan era tomar un tren a Colonia, donde vivía nuestro hermano Shiar, y luego, al día siguiente, ir a pedir asilo. Salía un tren rápido a las nueve de la noche y teníamos el dinero justo para cogerlo. En la estación nos quedamos alucinadas al ver los ascensores y las instalaciones diseñadas para facilitar la vida a las personas discapacitadas. Como dice Nasrine, en Alemania todo es distinto.

En nuestro vagón había dos afganos que se pusieron a rezar subiendo y bajando la cabeza y recitando *Allahu Akbar*. Nos asustamos un poco y vimos que los pasajeros alemanes parecían alarmados. Fue la primera vez que me detuve a pensar en qué opinarían los alemanes de que vinieran tantos refugiados a vivir en su país.

En Baviera no todo el mundo se alegraba de que su estado se hubiera convertido en la puerta de entrada de decenas de miles de refugiados a la mayor economía europea. Horst Seehofer, el primer ministro bávaro, advertía de que aquello era «una situación de emergencia que pronto se nos escapará de las manos». El vicepresidente de su partido, Hans-Peter Friedrich, predecía «consecuencias catastróficas» y especulaba con la posibilidad de que se ocultaran yihadistas del Daesh entre los refugiados.

Por suerte la señora Merkel es una mujer enérgica. «Si tenemos que empezar a disculparnos por poner buena cara en una situación de emergencia, este no es el país que yo conozco», contestó.

Gracias, mamá Merkel.

Después de un viaje de unas cuatro horas en tren, nos encontramos junto al Rin, justo al lado de la catedral de Colonia, que era muy alta, oscura y tétrica y parecía llenar el cielo por completo. Yo nunca había visto una iglesia tan enorme. Antiguamente había sido el edificio más alto del mundo. ¿Cómo es posible que no hubiera acabado destruida durante la guerra?

Luego bajamos al andén y allí estaba Bland, esperándonos, con su pelo alborotado y su sonrisa llorosa. Había venido a recogernos desde Dortmund. Yo casi no podía creer que por fin estuviéramos juntos otra vez. Me alegré muchísimo de verlo, porque

Bland siempre había estado a mi lado, había formado parte de todos los acontecimientos de mi vida.

Cuando llegamos a casa de Shiar, también estaba allí Nahda con sus niñas: había esperado a que llegáramos para que solicitáramos juntas el asilo. Era tan agradable volver a estar todos juntos… Nos sentíamos otra vez como en casa. Me dije que nuestra nueva vida acababa de empezar. Pero no sabía cómo iba a ser esa nueva vida y me hacía muchísima falta tener cosas familiares y caras conocidas a mi alrededor.

A la mañana siguiente tomamos todos un tren a Dortmund: mis dos hermanas, mis dos hermanos, mis cuatro sobrinas y yo. El tren pasaba por Düsseldorf. Yo nunca había visto nada parecido a aquellos rascacielos de cristal que centelleaban bajo la lluvia. Pero no pasé mucho tiempo mirándolos. Me alegraba tanto de volver a estar con Bland que no podía dejar de mirarlo.

Fue él quien nos llevó a Nasrine, a Nahda, a mí y a las niñas a la sede de la BAMF, la Oficina Federal de Migración y Refugiados, que estaba atestada de gente.

«Somos sirias», le dijimos al recepcionista. Nos mandaron a que nos hicieran una foto y luego esperamos nuestro turno para acercarnos a un mostrador y rellenar el impreso de solicitud de asilo. Entre las preguntas del impreso había un listado de enfermedades o dolencias físicas que tenías que marcar si las habías padecido. La parálisis cerebral no estaba en el listado, así que Shiar me sugirió que escribiera al final *Ich kann nicht laufen* («no puedo caminar», en alemán).

La persona que atendía nos dijo que había lista de espera y que tardarían unos tres meses en convocarnos para una entrevista. Bland había presentado la solicitud el 15 de julio en Bremen y todavía estaba en un centro de refugiados de Dortmund, esperando la suya. De momento iban a mandarnos a otro centro de tránsito para extranjeros, mientras intentaban encontrarnos un alojamiento más estable. Nos explicaron que normalmente los solicitantes de asilo son enviados a uno de estos centros el mismo día en que presentan la solicitud, pero que en nuestro caso, como yo era menor de edad y nuestros padres no nos acompañaban, tendríamos que pasar la noche en el centro de tramitación.

Nos llevaron a una sala destartalada, con literas y las paredes llenas de pintadas. Shiar y Bland no podían quedarse con nosotras. Les dijeron que se marcharan. Yo no me esperaba aquello. Acabábamos de reunirnos y otra vez parecía que íbamos a separarnos.

Al día siguiente tuve una entrevista con la persona responsable de los menores de edad, que me preguntó si quería quedarme con mi hermano y mis hermanas o pasar a la tutela de las autoridades alemanas y marcharme a un centro de acogida para menores. ¡Qué pregunta más tonta! Después, sin embargo, me enteré de que las condiciones de vida en los centros para menores eran mucho mejores, y a veces le decía en broma a Nasrine que debería haberme ido a uno, a disfrutar de sus cómodas camas, sus helados de chocolate y su televisión.

Después de mi entrevista nos dijeron que teníamos que esperar hasta las dos de la tarde para saber adónde nos mandaban. Las autoridades alemanas distribuyen a los refugiados por todo el país conforme a la población y el presupuesto público de sus dieciséis estados federados, siguiendo el sistema que llaman *Königsteiner Schlüssel*. Luego, cada estado reparte su cupo de refugiados entre sus municipios, que reciben fondos de las administraciones públicas para proporcionarles alojamiento y otros servicios. El problema era que éramos tantos que las autoridades locales tenían dificultades para atender a todos. Los ayuntamientos, que disponían de menos de cuarenta y ocho horas para acomodar a centenares de refugiados, estaban habilitando polideportivos, estadios, gimnasios de colegios, centros de día, oficinas y hasta el antiguo aeropuerto de Berlín construido por los nazis, y levantando carpas en los parques o en las canchas de deportes. En Colonia hasta estaban comprando hoteles de lujo.

Nosotros nos encontrábamos en el estado de Renania del Norte-Westfalia, que estaba recibiendo a más del veinte por ciento del total de refugiados. Se decía que la vida de los refugiados era más fácil allí porque la gente estaba muy acostumbrada a los extranjeros: en las décadas de 1960 y 1970 se habían establecido gran cantidad de kurdos procedentes de Turquía en aquella región, donde había mucha industria y mucha demanda de trabajadores. Así que había menos racismo. Por eso Shiar y nuestro tío se habían instalado allí. Y, además, el gobierno del estado lo dirigía una mujer.

Por fin nos llamaron y nos dijeron que a las 16:15 tomaríamos un autobús para ir a un centro de refugiados en Essen.

El autobús salió a las 16:30, con retraso, según el criterio de los alemanes. El tío Ahmed y la tía Shereen, con los que habíamos ido en la barca hasta Lesbos, estaban también en un centro de Essen, y nos hizo mucha ilusión que nos mandaran al mismo sitio que a ellos. Fuimos siguiendo el trayecto por Google Maps según avanzábamos y vimos que cada vez nos acercábamos más al centro donde estaban ellos. Pero luego el autobús tomó un desvío.

El sitio adonde nos llevaron era un antiguo hospital, y a mis hermanas, a mis sobrinas y a mí nos asignaron una habitación en la planta baja. Vino el personal médico a mirarnos la cabeza por si teníamos piojos, a ponerles unas vacunas a las niñas y a sacarnos sangre. En mi caso, cuando me pincharon, no salió nada de sangre. La enfermera me explicó que era porque estaba deshidratada por haber comido y bebido muy poco durante el viaje, y me dijo que tenía que comer. Pero la comida estaba malísima, así que, como de costumbre, no probé bocado. Soy muy quisquillosa con la comida y Nasrine se enfada conmigo cuando solo bebo té. Si cambia un solo ingrediente de un plato que me gusta, siempre me doy cuenta y no me lo como.

La primera mañana, Nasrine fue buscarme algo de desayunar y volvió muy asombrada. Se había encontrado en la cola con otro primo nuestro, Mohammed, al que no veíamos desde Manbij.

Después de las experiencias que habíamos vivido durante el viaje yo ya me había acostumbrado a estar en uno de aquellos centros de tránsito llenos de gente, pero aun así era muy aburrido, sobre todo porque casi no salía de mi habitación. Había un patio pequeño al que me sacaba Nasrine para que tomara el aire, y a las dos de la tarde íbamos a clase de alemán, pero solo nos enseñaban las cosas más básicas, como los números, los días de la semana y los meses del año, y todo eso ya me lo sabía.

Al final, pasamos veinte días en Essen. Nos preocupaba adónde nos mandarían. Oímos decir que se estaban quedando sin sitio para alojar a los refugiados y nos inquietaba acabar durmiendo en un polideportivo. Utilicé mi tarjeta de discapacitada para pedir hablar con el director del centro y le expliqué que no podía vivir en un pabellón deportivo, y que de todos modos nosotras queríamos ir a Wesseling, cerca de Colonia, porque nuestro hermano vivía allí y podía ayudarnos.

El 28 de septiembre, cuando llevábamos cuatro días en Essen, me sentía muy desanimada. Había creído que en cuanto llegáramos a Alemania podría ir al colegio y en cambio allí estaba, encerrada en aquel sitio.

Esa mañana, Nasrine y Nahda fueron a una sala donde estaban repartiendo ropa donada y me dejaron al cuidado de las niñas. Eran muy traviesas y, como yo solo podía servirme de la voz para controlarlas, acabé chillándoles. Aquello me hizo sentir muy débil e inútil, y me eché a llorar.

Entonces entró Nasrine con el teléfono en la mano y me dijo que tenía una sorpresa para mí.

«¿Qué pasa? ¿Es que Masud Barzani [el presidente del Kurdistán iraquí] quiere hablar conmigo?», bromeé.

«No», contestó mi hermana. «Mira esto».

Abrió un enlace para enseñarme un vídeo. Era un programa de la televisión de Estados Unidos titulado *Last week tonight*. El presentador, que era británico y se llamaba John Oliver, estaba hablando de los refugiados. La conexión wifi del centro era muy lenta porque había muchos refugiados usándola, y era un fastidio porque el vídeo se paraba cada dos por tres. Entonces aparecí yo hablando con Fergal Keane, aquel reportero de la BBC, sobre que quería ser astronauta y conocer a la reina. Casi se me cae el teléfono.

John Oliver explicó que yo había aprendido inglés viendo la serie *Days of our lives* y que me daba mucha pena que hubieran matado a EJ. «¿Cómo puede uno no querer a esta chica en su país?», preguntó. «Mejoraría cualquier país donde viviera». No me podía creer que se estuviera refiriendo a mí. Y eso no fue todo. Habló también de la situación que afrontaban los refugiados, de que el primer ministro británico David Cameron había dicho que éramos «una plaga», de que Dinamarca estaba publicando anuncios en los periódicos libaneses advirtiendo *Aquí no vengáis*, y de la hostilidad de Hungría, ejemplificada en aquella periodista gráfica que había puesto la zancadilla a un refugiado.

Luego dijo que tenía una sorpresa para una refugiada en concreto. Pusieron un vídeo en el que se veía la mano de un hombre llamando a un timbre. La que abrió la puerta fue Sami, la de *Days of our lives*, ¡y el que llamaba a la puerta era EJ! «¡No puede ser!», gritó Sami. Y yo también grité. Luego, claro, se abrazaron. EJ explicó que, después de que le dispararan, su hermana lo sacó del depósito de cadáveres y lo llevó en avión a Alemania, donde unos sanadores consiguieron devolverle la vida por arte de magia.

«No puedo ni imaginarme lo horrible que habrá sido para ti», dijo Sami.

«Regresar de la muerte no es tan duro», contestaba él. «¿Sabes lo que es duro de verdad? Llegar desde Siria a Alemania». Luego habló un poco sobre la crisis de los refugiados y dijo que había leído en la prensa acerca de «una chica de dieciséis años impresionante llamada Nujeen Mustafa, de Kobane».

«Nujeen Mustafa…». Sami repitió mi nombre como si fuera algo prodigioso.

Yo estaba completamente alucinada, chillando de alegría. Los personajes que más me gustaban de mi serie americana favorita estaban hablando de mí. ¡Hasta habían hecho resucitar a uno de ellos por una refugiada siria! Tampoco me esperaba verlos enamorados otra vez.

Poco después recibí una llamada de una señora de Estados Unidos que me preguntó si me había gustado el vídeo. Claro que sí, le dije. Entonces me explicó que los actores que hacían de Sami y EJ (Alison Sweeney y James Scott) querían hablar conmigo. Cuando se pusieron al teléfono, me puse tan nerviosa que no supe qué decir. Les conté que lo primero que había hecho cuando pude conectarme a Internet en Turquía fue buscarlos en Google y que sabía que Alison estaba casada y tenía dos hijos. Les dije también que la serie me parecía muy sosa sin ellos. Seguramente les parecí una fan tontorrona.

Nasrine estaba impresionada. «Llevas tres años hablando sin parar de los personajes de esa telenovela americana», me dijo. «Y ahora te persiguen. ¿Cómo narices te han encontrado?».

Al día siguiente volví a ver el vídeo y yo también grabé uno en nuestra habitación y lo colgué en YouTube. «Hoy es mi día de suerte», decía. «Y en mí día de suerte quiero decirles algo a las víctimas de las guerras de todo el mundo. Sois más fuertes y más valientes de lo que creéis. También quiero dar las gracias a todos los que me han apoyado durante el viaje. Deseadme suerte ¡y buena suerte también para vosotros!».

Pero a la mañana siguiente, cuando me levanté, sentí como si me hubieran robado algo. *Days of our lives* había sido siempre algo mío, muy privado. Además, el vídeo no era nada realista: EJ y Sami se habrían puesto a discutir. Eso me habría gustado más que verlos hablando sobre mí.

TERCERA PARTE

UNA VIDA NORMAL

Alemania, 2015

A fin de cuentas, mañana será otro día.

Scarlett O'Hara en *Lo que el viento se llevó*,
de Margaret Mitchell

18

Extranjeros en un país extraño

Colonia, 1 de noviembre de 2015

Nadie se marcha de su hogar sin un motivo. A veces sueño con los bombardeos y me despierto de madrugada, y cuando alargo el brazo hacia mi madre y veo que no está ahí, me pongo muy triste. Pero pasados dos o tres minutos me digo: «Nujeen, sigues viva y estás lejos de los bombardeos, todo va bien». Aquí, en Alemania, me siento a salvo. Puedes salir a dar un paseo sin temor a no estar viva al día siguiente. No hay bombardeos, ni tanques, ni ejército, ni militantes del Daesh por las calles.

El 1 de noviembre nos trasladamos a nuestro nuevo hogar, el bajo de una casa de dos plantas en una calle de las afueras de una pequeña localidad llamada Wesseling, a unos dieciséis kilómetros al sur de Colonia. La casa es de cemento y ladrillo, no de caramelo, y está pintada de color crema y marrón, no de rosa o de azul, pero a mí me parece como salida de Disneylandia. Siempre he soñado con vivir en un sitio así.

Tenemos un cuarto de estar, un pequeño aseo con ducha, una cocina y dos dormitorios, muy poco espacio para las tres hermanas y mis cuatro sobrinas, sobre todo porque Bland viene a dormir a

215

menudo. Pero la casa es nuestra y solo nuestra. Tenemos un sofá y una mesa, un reloj de pared y una caja de galletas de Navidad que nos regaló alguien para adornar la habitación. Ojalá tuviéramos algo de Siria. Una refugiada nos contó una vez que había traído consigo sus moldes de falafel desde Siria. Ni siquiera tenemos una foto de familia de cuando estábamos en Alepo. Supongo que si cuando nos marchamos de allí hace cuatro años hubiéramos sabido que íbamos a separarnos para no volver, nos habríamos hecho una, pero en aquel momento solo pensábamos en sobrevivir.

La casa nos la facilitó el estado alemán, que también paga los suministros. Nos dan trescientos veinticinco euros al mes por adulto y ciento ochenta por cada menor, y con ese dinero pagamos la comida, la ropa y el transporte. Ya no tenemos que depender de Mustafa.

Esta es la segunda casa que hemos tenido en Colonia. El 15 de octubre, cuando dejamos el centro de tránsito de Essen, fuimos a un bloque de pisos para refugiados. Nuestro piso estaba en la primera planta, subiendo un tramo de escaleras, lo cual no era muy cómodo para mí, y además teníamos que compartirlo con una familia argelina: una viuda, su hija y su nieta. Nosotras teníamos dos habitaciones y ellas otras dos, pero compartíamos el baño y la cocina. Nos dieron a cada una un colchón, una manta, una cazuela, un plato, un cuchillo, un tenedor y una cuchara. Para calentarnos había una estufa de carbón que no funcionaba muy bien, así que hacía mucho frío, y además no era nada bueno para mi asma.

Pero el principal inconveniente era que el marido de la otra mujer, que era sirio, acababa de morir, y vinieron muchos de sus parientes argelinos desde Francia para el funeral. Vinieron a alojarse en el piso seis adultos y cuatro niños, y todos los días llegaban un montón de visitas a las que había que dar de comer. Era una locura, y mis hermanas y yo no podíamos ni entrar en la cocina. Teníamos que pedirle a Bland que nos trajera la comida.

Después de una semana fuimos a los Servicios Sociales y les dijimos que no podíamos seguir allí. Al final nos encontraron esta casa en una calle ancha en la que viven familias alemanas. No conocemos a nuestros vecinos. Para nosotras, Alemania es un lugar muy frío: la gente no entra en casa de sus vecinos, como hacemos nosotros en Siria. Y tampoco valora los lazos familiares como los valoramos nosotros. Yo había visto películas acerca de hijos que se desentienden de sus padres, así que no me pilló de sorpresa, pero verlo en la vida real nos resulta muy extraño.

Alemania es un país muy curioso. Las personas son como máquinas: se levantan a cierta hora, comen a cierta hora y se ponen muy nerviosas si un tren llega dos minutos tarde. Nosotras nos reímos de su disciplina, pero nos gusta que todo sea tan correcto y formal, no como en Siria, donde para conseguir un buen trabajo tienes que conocer a algún mandamás del régimen. Aquí todo el mundo paga sus impuestos, todo está limpio y todo el mundo trabaja mucho, o esa es la impresión que da. Por eso Alemania produce tanto.

A Bland hasta le gusta el clima, sobre todo la lluvia. A mí me gusta que haya estaciones, que las hojas cambien de color y que haya distintos tipos de nubes. De vez en cuando echo de menos ver las estrellas, como cuando las mirábamos desde nuestra azotea de Manbij. Pero más que cualquier otra cosa nos gusta sentirnos a salvo.

El mayor obstáculo es el idioma. Nahda dice que a sus treinta y cuatro años le cuesta mucho aprender un idioma nuevo. Le apena que su título en Derecho –que le costó mucho conseguir, porque fue la primera mujer de nuestra familia que asistió a la universidad– aquí no sirva de nada, pero se alegra de ver que sus hijas van al colegio sin miedo.

Yo echo de menos las tortillas de pan y todavía se me hace muy raro que todo el mundo coma con cuchillo y tenedor y no con las manos. Echo de menos esa sensación de familiaridad que tenía en Siria. Aquí nada me resulta familiar y siempre me preocupa hacer algo que aquí dé mala impresión aunque en mi país sea normal.

Nuestra casa solo tiene una pega: que a la familia del piso de arriba no le gustamos. Son una pareja alemana de mediana edad con un hijo adulto, y en cuanto nos mudamos aquí fueron a quejarse a los Servicios Sociales: ¿por qué tiene que haber refugiados en el piso de abajo? Una vez, las hijas de Nahda estaban jugando y salió la mujer chillando como una bruja de película, y hasta llamó a la policía. Nos asustaba que nos obligaran a marcharnos, así que intentamos hacer el menor ruido posible y no dejamos que las niñas alboroten para que la señora de arriba no se queje. Aun así, sigue gritándonos cada dos por tres.

Nos sorprendió mucho que alguien se quejara de nosotras: solo somos un grupo de mujeres jóvenes y de niñas pequeñas, y mis hermanas lo tienen todo impecable. Vestimos vaqueros y faldas, no esos hiyab del Daesh. Imagino que a esa señora le desagradan los refugiados en general, no nosotras en particular. La verdad es que yo no me había parado a reflexionar sobre lo que significa ser un refugiado, no tener derechos y que la gente se sienta atemorizada y nos mire como si fuéramos marcianos, o desalmados que se matan unos a otros, sin darse cuenta de que hacemos lo mismo que ellos: nos levantamos por la mañana, nos lavamos los dientes y vamos al colegio o a trabajar.

Acabábamos de dejar el centro para refugiados de Essen cuando nos enteramos de una noticia muy sorprendente. El sábado 17 de octubre, una política llamada Henriette Reker que se presentaba a la alcaldía de Colonia recibió una puñalada en el cuello cuando estaba haciendo campaña electoral. Estaba repartiendo rosas en un mercado cuando se le acercó un hombre con una rosa, sacó un cuchillo con una hoja de treinta centímetros y se lo clavó en el cuello, seccionándole la tráquea y dejándola tirada en el suelo, sangrando.

El hombre era un obrero en paro de cuarenta y cuatro años llamado Frank S., y estaba muy enfadado por la inmigración. *Frau* Reker había sido la jefa del servicio de refugiados de Colonia durante los cinco años anteriores y era una gran defensora de nuestra causa. Abogaba por la integración social mientras seguían llegando refugiados a la ciudad: diez mil el año anterior y entre doscientos y trescientos a diario, por tren. Decían que el hombre le gritó: «¡Te lo tienes merecido!», cuando cayó al suelo. Luego apuñaló a cuatro personas que la acompañaban, supuestamente gritando: «¡Los extranjeros nos están quitando el trabajo!».

Nos espantó que una señora como aquella fuera atacada por defender a los refugiados. Los atentados contra políticos parecían algo más propio de nuestro país. Esa noche rezamos por ella. *Frau* Reker estaba en coma en el hospital cuando al día siguiente se celebraron las elecciones. Ganó con más del cincuenta y dos por ciento de los votos. Gracias a Dios, se recuperó y se convirtió en la primera alcaldesa de Colonia.

En cuanto a Frank S., resultó que llevaba bastante tiempo mezclado con grupos neonazis y que ya había pasado tres años en la cárcel por agresión. Hasta había participado en una manifestación en homenaje a Rudolf Hess, el lugarteniente de Hitler que se suicidó en prisión en 1987.

Por suerte, la mayoría de los alemanes no son así. Al contrario, son muy amables. Es casi como si quisieran compensarte por lo que pasó en la Segunda Guerra Mundial. Un día fuimos de excursión en autobús a la ciudad vecina de Brühl, donde hay un gran palacio amarillo con grandes jardines, muchísimas fuentes y un lago. Mientras dábamos la vuelta al lago, la gente nos sonreía y hasta los patos parecían darnos la bienvenida. En Navidad, llamaron a nuestra puerta dos personas que traían un montón de regalos para las niñas, incluida yo. Me alegré de que todavía me consideraran una niña. Y otro día, al volver de una cita con el médico, Nasrine y yo coincidimos con una vecina que vivía en nuestra misma calle y le dio a Nasrine una bolsa llena de chocolate.

Menos de dos semanas después de instalarnos en la casa, vino Shiar y estuvimos viendo el fútbol en su portátil, como hacíamos antes. Jugaban Francia y Alemania en París y nosotros íbamos con Alemania porque era nuestro país de adopción, mientras que Francia era nuestro antiguo ocupante, pero por desgracia perdieron 2-0. Después del partido estábamos charlando cuando de repente vimos que los espectadores se estaban congregando en el césped. Al principio pensamos que estaban celebrando el resultado, pero luego escuchamos los comentarios. Había habido un atentado terrorista (tres suicidas se habían hecho estallar en las cercanías del estadio) y la policía no dejaba salir a la gente. Los jugadores incluso tuvieron que dormir allí.

Luego nos enteramos de que también había habido tiroteos en varios bares y restaurantes llenos de gente que estaba tomando algo tranquilamente, y dentro de una discoteca llamada Bataclan en la que había muchísimos jóvenes escuchando un concierto de una banda de *heavy metal* estadounidense. En total, esa noche fueron asesinadas ciento treinta personas.

Poco después, el Daesh emitió un comunicado atribuyéndose los ataques. «Que Francia y todas las naciones que siguen su camino sepan que continuarán ocupando los primeros puestos en la lista de objetivos del Estado Islámico y que el hedor de la muerte los perseguirá mientras sigan participando en esta cruzada [...] y alardeen de su guerra contra el Islam en Francia y de sus ataques aéreos contra los musulmanes en los países del califato».

«Esto no es más que el comienzo de la tormenta», advertían.

Estábamos todas muy disgustadas. Nunca habíamos estado en París, claro, pero todo el mundo sabe que es la Ciudad de la Luz. «El mundo se ha vuelto loco», dijo Nasrine. «Una de las ciudades más bellas del mundo convertida en un funeral. Es muy triste.

¿Qué clase de personas son estas, que creen que porque esté muriendo gente en Siria también tiene que morir gente en París?».

Luego los atentados se vincularon con la crisis de los refugiados porque se encontró un pasaporte sirio cerca de uno de los terroristas suicidas que se habían hecho estallar en las inmediaciones del estadio de fútbol. Estaba a nombre de Ahmad al Mohammad, un hombre de veinticinco años de Idlib, y las autoridades griegas afirmaban que las huellas dactilares del terrorista coincidían con las de un individuo con ese pasaporte que llegó en octubre a la isla griega de Leros procedente de Turquía. Al igual que nosotras, ese hombre entró posteriormente en Serbia, donde las autoridades le tomaron también las huellas dactilares, que coincidían con las tomadas en Grecia. Al día siguiente entró en Croacia, según afirmaban las autoridades serbias.

El primer ministro francés dijo: «Estos individuos se aprovecharon de la crisis de los refugiados [...], del caos, quizá, para introducirse en Francia». Otro de los terroristas, Najim Laachraoui, había luchado con el Daesh en Siria y se había mezclado con los refugiados para viajar hasta Budapest, donde llegó a principios de septiembre y se reunió con otro terrorista.

Era horrible pensar que quizá entre la gente que había viajado con nosotras por aquellos senderos entre campos de girasoles, o en autobús o tren, podía haber también terroristas. Aunque, como decía Bland, era un poco raro que alguien se sacara de verdad un pasaporte para hacerse saltar por los aires, y durante el viaje habíamos visto a un montón de traficantes que vendían pasaportes falsos.

Nos preocupaba mucho que la gente pensara que los refugiados éramos terroristas y nos tuviera miedo. Nosotros también habíamos huido del terrorismo, tratando de sentirnos a salvo porque en nuestro país había atentados continuamente. No queremos hacer daño a nadie.

Después de los atentados hubo algunas manifestaciones en

contra de los inmigrantes. Alemania empezó a revisar con más cuidado las peticiones de asilo de ciudadanos sirios en lugar de aceptarlas a bulto, como llevaban haciendo todo el año. Aquello nos perjudicaba, porque seguíamos esperando nuestra entrevista. Hubo gente que hasta prendió fuego a hogares de acogida para refugiados: en 2015 hubo más de ochocientas agresiones de ese tipo. Pero, en general, los alemanes seguían siendo muy amables y abiertos, como desde nuestra llegada. Aunque puede que yo lo tenga más fácil porque voy en silla de ruedas y parezco inofensiva.

Cuando me enteraba de cosas así, como lo de los atentados de París, me alegraba de que no tuviéramos tele. Pasan muchas cosas malas en el mundo y no quiero verlas. Es un principio que adopté hace mucho tiempo: si quieres seguir viviendo feliz y conservar la salud, no veas las noticias.

19

Por fin voy al colegio

Colonia, 30 de noviembre de 2015

El primer día que fui al colegio, faltaba un mes para que cumpliera diecisiete años. Estaba nerviosa pero también contenta porque por fin podía decir que llevaba una vida normal. Ir al colegio no fue como yo soñaba, claro, porque en mis fantasías me veía como una de esas chicas de las películas americanas, caminando con mis libros entre los brazos, agitando mi melena y charlando con mis amigas sobre chicos o películas.

En esas fantasías, después de clase íbamos a una heladería y yo les preguntaba a mis amigas si conocían la historia del faraón y la esfinge. Si decían que no, les contaba cómo el príncipe egipcio Tutmosis fue a cazar una gacela al desierto, cerca de las pirámides, y se echó a descansar a la sombra de la esfinge. Mientras dormía, tuvo una visión en la que la esfinge le decía: «Si limpias toda la arena que me cubre, serás rey». Eso hizo Tutmosis y se convirtió en faraón aunque no le tocaba ocupar el trono a él sino a alguno de sus hermanos, y hoy en día su historia sigue grabada en una lápida de granito rosa entre las patas de la esfinge.

Yo sería la chica lista, la friki del grupo. Esas son mis fantasías.

Luego, sin embargo, me miro y me veo sentada en esta silla y vuelvo a la realidad. Sí, voy en silla de ruedas y mi colegio es un colegio de educación especial, no como el de *High School Musical*.

Un autobús viene a recogerme a las siete de la mañana para llevarme al LVR-Christophorusschule, en Bonn, que abre entre las ocho de la mañana y las tres y media de la tarde. Es un edificio grande, de dos plantas, con paneles verdes delante y una azotea de cemento y, cuando entras, en vez de bicis y motos, hay andadores y sillas de ruedas. También hay dos futbolines en los que quiero jugar algún día.

Voy a clase con diez chicos y chicas de quince años, así que soy la mayor, y me siento como una vieja. Son casi todos alemanes, pero hay una chica que nació en Estados Unidos, un chico de padre estadounidense y madre inglesa y otro que es jordano. Todos son «especiales» a su manera: algunos no tienen ningún problema físico pero son autistas, un par de ellos no hablan y usan iPads para comunicarse (como Stephen Hawking, solo que ellos no son tan listos), y hay una chica que pulsa unos botones rojos y amarillos para que suenen mensajes grabados y así indicar lo que quiere.

El primer día fue duro, claro, porque yo apenas hablaba alemán. Por suerte la primera clase que tuve fue de inglés, y se me dio de maravilla. Luego hicimos una empanada y una especie de bizcocho, y a mí se me hizo muy raro porque nunca había cocinado. Soy muy torpe con las manos, así que lo puse todo perdido.

En mi clase tenemos tres profesores que nos enseñan lengua alemana, matemáticas, historia, inglés y ciencias. Al principio tuve muchas dificultades. En matemáticas no conseguía no salirme de las líneas de puntos del libro de ejercicios, y nunca había hecho multiplicaciones, por ejemplo. Los profesores y los demás alumnos estaban muy sorprendidos porque no supiera hacer esas operaciones, pero yo aprendo deprisa y además me aplico mucho en lo que de verdad se me da bien, que es escuchar, escuchar y escuchar.

Cuando me frustro porque no puedo hacer algo, me digo a mí misma que muchos personajes famosos también son refugiados: Albert Einstein, Madeleine Albright, Gloria Estefan, George Soros… Hasta Steve Jobs era hijo de un refugiado sirio.

También tenemos clases de educación física. De natación, por ejemplo, aunque yo no voy. Y hacemos un descanso para comer. Pero, claro, como no me gusta nada la comida del comedor, Nasrine se levanta a las seis de la mañana para prepararme un termo con té y un bocadillo. Los profesores se quejan de que no me relaciono mucho con los demás, pero quiero invertir el tiempo en aprender y, como he dicho ya, en realidad no soy una persona muy sociable. He vivido siempre rodeada de un círculo de personas con las que me sentía a gusto y me he criado entre adultos. No es que no me gusten mis compañeros. Hay una chica muy dulce que se llama Lily, y también están Carmen y Amber, que me caen muy bien. Pero ellas tienen otros intereses: hablan de Justin Bieber y de películas como *Frozen*, no de *Lo que el viento se llevó*.

Me gusta la biología porque siempre viene bien saber cómo funciona el organismo si te pones enferma y tienes que ir al médico. Y también la física, claro, porque quiero ser astronauta, aunque la primera vez que tuve clase de esa asignatura me eché a llorar cuando llegué a casa, porque la física que daban en mi colegio no parecía muy útil si querías ser un gran científico. En lugar de aprender cosas acerca del espacio o la fuerza de la gravedad, hacíamos árboles de Navidad en un tablero de madera. Y encima, como tengo los brazos muy débiles y los dedos torpes, no podía sujetar bien el tablero para clavar el árbol. Me quedó fatal y cuando lo llevé a casa las hijas de Nahda lo rompieron.

El objetivo de este colegio es enseñarnos a ser todo lo independientes que sea posible. Cuando acabamos allí, a los dieciocho años, pasamos a lo que llamaban «formación ocupacional». No hay colegios así en Siria y sé que tengo mucha suerte, aunque haya gente en Alemania que piense que este tipo de centros son demasiado costosos y que los discapacitados deberíamos ir al colegio normal, como todo el mundo. Puede que algún día lo haga. Sé que en Siria no me enfrentaba a mi discapacidad porque no salía de casa y así evitaba que la gente me mirase. Pero los profesores del colegio creen que tengo que ser realista, asumir cómo soy y seguir adelante, aprender a comer y a desplazarme sola, y no seguir hablando de que voy a ser astronauta o a caminar. Lo malo es que no consigo quitarme de la cabeza un día que vi a Nasrine sentada en mi silla de ruedas, cuando estábamos en un parque en Turquía, y la impresión tan fea que me produjo aquello.

Además, después del culebrón que ha sido mi vida, estoy convencida de que todo es posible.

En el colegio voy a una fisioterapeuta que es muy simpática, pero que se quedó impresionada cuando supo que no había hecho ningún ejercicio durante años. Le expliqué lo del asma y la revolución y la guerra, que lo paró todo. La fisioterapeuta me hace estirarme en una colchoneta para aumentar mi flexibilidad y realizar ejercicios en una especie de bicicleta para fortalecer la musculatura. Ya estoy notando la diferencia.

Nada más empezar el colegio fui a un hospital de Bonn a hacerme unas pruebas. Fue entonces cuando me enteré del verdadero nombre de lo que me pasa: tetra-espasticidad. Lo malo es que el médico me explicó que no iba a desaparecer y que tendría que aprender a convivir con ello. Me dijo también que había que operarme otra vez y me recetó unas pastillas especiales para controlar los espasmos de las piernas: no sé cómo, pero detienen el flujo de electricidad entre mi cerebro y los nervios que hacen que se me ponga el cuerpo rígido y que se me levanten de repente las piernas. Yo tengo suerte porque solo estoy en fase uno. Si estuviera en fase dos, tres o cuatro, como algunos chicos de mi colegio, no podría ni sujetar un lápiz.

El colegio me mandó también al oftalmólogo y al dentista. «¡Hay mucho que arreglar!», les dije.

Un día que Nasrine vino a mi colegio, me hizo notar que algunos de mis compañeros tenían discapacidades mucho más graves que la mía y que sin embargo eran mucho más independientes. Pueden desplazarse por su cuenta y beber y comer sin que los ayude su hermana. Así que ahora estoy intentando ser más autónoma. Por primera vez en mi vida me visto y me peino sola, aunque Nasrine sigue teniendo que levantarse por las mañanas para ayudarme. Todavía sueño con que algún día se casará y tendrá hijos, y con que yo iré a la universidad y ella me ayudará con la física.

No creo que nadie quiera casarse con una persona que no se sostiene en pie. Sí que creo que puedo amar a alguien y me veo siendo madre, pero me da miedo pensar en esas cosas. En nuestra sociedad no existe esa idea del amor de las películas. Mi matrimonio tendría que acordarlo mi madre, pero cada vez que le hablo de ese tema me manda callar enseguida. Quizá me convierta por completo en alemana y me case como se casan ellos. En todo caso, ahora soy demasiado joven y tengo muchas otras cosas en que pensar.

Tengo la sensación de haberme perdido muchas cosas. Quiero decir que acabo de empezar a ir al colegio, así que, si voy a la universidad, tendré treinta años cuando acabe la carrera. Pero lo principal es que por fin he conseguido tener esa vida normal con la que soñaba: levantarme por la mañana, ir al colegio y luego hacer los deberes. Solo desearía que *ayee* y *yaba* estuvieran aquí para verme hacer todas esas cosas: levantarme temprano y marcharme al colegio con mi mochila rosa y azul y mis carpetas rojas.

20

Un año nuevo empañado por el miedo

Colonia, 1 de enero de 2016

El 1 de enero cumplí diecisiete años, mi primer cumpleaños en nuestro nuevo país. No lo celebramos: no he vuelto a celebrar mi cumpleaños desde que estalló la guerra y nos marchamos de Alepo. Pero sí hubo una sorpresa. Llegó un paquete con un regalo de James, el actor que hacía de EJ: una cadenita de plata con una cabra marina, el símbolo de mi signo zodiacal, Capricornio. Nasrine no se lo podía creer.

Al final, sin embargo, no fue un buen día. Más tarde nos enteramos de que esa noche, la víspera de Año Nuevo, había ocurrido algo espantoso. Al igual que nosotros en el Noruz, los alemanes dan la bienvenida al nuevo año con fiestas y fuegos artificiales. En Colonia suelen reunirse en torno a la catedral. Esa noche, en la plaza que hay junto a la estación fueron agredidas más de seiscientas mujeres, muchas de las cuales sufrieron abusos sexuales. Bandas de hombres borrachos con los ojos «inyectados en sangre» se mezclaron entre el gentío para agredir sexualmente a mujeres jóvenes y robarles su dinero y sus teléfonos. A algunas les arrancaron las bragas o les metieron petardos encendidos entre la ropa.

La policía trató de silenciar el asunto, quizá por miedo a alimentar tensiones, y la noticia tardó varios días en trascender. Cuando se supo, se desató la histeria colectiva porque Ralf Jäger, el ministro de Interior del estado, afirmó que los agresores eran «exclusivamente» individuos «de origen extranjero». La gente estaba horrorizada, y la oposición afirmó que eso era lo que pasaba cuando se dejaba entrar a demasiados inmigrantes. Una organización llamada Pegida –Patriotas Europeos contra la Islamización de Occidente– exigió la marcha de los refugiados al grito de «¡Alemania para los alemanes!».

No sabíamos qué pensar. No nos imaginábamos a los sirios que conocíamos haciendo una cosa así. Como dice Nasrine: «El problema es que hay refugiados buenos y refugiados malos, igual que hay gente instruida que juzga a las personas por cómo son y no por su procedencia, y gente ignorante que no lo hace». Nuestra cultura es distinta y puede que algunos musulmanes, al ver que las chicas alemanas llevan poca ropa o que algunas mujeres se quedan embarazadas sin estar casadas, se hagan una idea equivocada de cómo deben comportarse. Pero las agresiones sexuales están mal en todas partes.

Un grupo de refugiados sirios y paquistaníes estaba tan preocupado por la noticia que escribió a Angela Merkel diciéndole: *Nosotros luchamos por defender la dignidad y el honor de las mujeres. Respetamos las leyes de nuestro país de adopción sin cuestionarlas. Estamos muy contentos porque Alemania nos haya acogido.* De todos modos no pasó mucho tiempo sin que llegaran grupos violentos a la zona con intención de atacar a los inmigrantes. Dos hombres paquistaníes fueron brutalmente apaleados, así como dos guineanos y dos sirios. Hubo también manifestaciones en las que la gente portaba pancartas diciendo: *Los inmigrantes violadores no son bienvenidos. ¡Que se marchen!*

Después se supo que en Nochevieja había habido ataques parecidos en Hamburgo y otras ciudades. El ambiente estaba cambiando. Hubo más incendios intencionados contra centros de acogida en todo el país, y el Consejo Central de los Musulmanes, la principal asociación musulmana de Alemania, recibió tantas llamadas ofensivas que tuvo que desconectar sus líneas telefónicas. Almin Mazjek, el presidente del Consejo, declaró: «Estamos viviendo una oleada de xenofobia de dimensiones desconocidas hasta ahora. La extrema derecha ve confirmados sus prejuicios y aprovecha la oportunidad para dar rienda suelta al odio contra los musulmanes y los extranjeros».

Estábamos más asustadas que después de los atentados de París porque aquello estaba pasando prácticamente al lado de casa. Temíamos que las agresiones y la rabia que habían agitado aquellos grupos tuvieran consecuencias a largo plazo, que la oposición alemana dijera «Dios mío, ¿qué ha hecho usted, señora Merkel, trayendo plantas extrañas a nuestro suelo?» y que la canciller se arrepintiera y diera marcha atrás. Menos de la mitad de los alemanes apoyaba su política respecto a los refugiados, y no creo que los políticos hagan nunca nada sin anteponer sus intereses. El mundo real es así. Ojalá viviera en uno mejor.

Empezó a preocuparnos que nos echaran del país y que no supiéramos adónde ir. Pensábamos que la gente podía volverse agresiva y que debíamos estar preparadas por si las cosas empeoraban. Esperábamos montones de protestas y que la gente exigiera el cierre de las fronteras. «Tenemos que ser embajadoras de nuestro país y de los refugiados», le dije a Nasrine.

La policía de Colonia arrestó a cincuenta y ocho personas. Pero en febrero un informe del fiscal Ulrich Bremer dejó claro que solo tres de los detenidos eran refugiados: dos sirios y un iraquí. Los demás eran inmigrantes norteafricanos que llevaban mucho tiempo viviendo en el país, y tres eran de nacionalidad alemana.

Ahora hay furgones de policía frente a la catedral todas las noches, como recordatorio de aquella terrible Nochevieja. Gracias a Dios, la señora Merkel siguió resistiéndose a quienes exigían el cierre de las fronteras. Y los refugiados siguieron llegando.

En enero de 2016 entraron un total de noventa y un mil setecientos: unos tres mil diarios, menos de un tercio de los que llegaban en el momento culminante de la crisis, el otoño anterior, cuando llegamos nosotras. Aun así son muchos más de los que puede manejar la administración, según las autoridades públicas. En 2015, se registraron en Alemania un millón cien mil solicitudes de asilo, cinco veces más que en 2014. La mayoría de esas solicitudes eran de ciudadanos sirios.

Uno de ellos era Nahra, mi hermana la tercera, esa a la que le gustaba tanto la moda, la que me enseñó a leer. Vino igual que nosotras: cruzando el mar con su marido y su bebé de siete meses. La travesía debería haber sido más difícil en esa época del año, pero cuando ellos cruzaron el mar estaba tan en calma que Nahra lo grabó todo con su móvil.

21

Un lugar llamado hogar

Colonia, julio de 2016

El otro día escribí la lista de todos los reyes y reinas de Inglaterra desde 1066: conté treinta y nueve.

Algún día me gustaría ir a Inglaterra a ver sus castillos, y también la Torre de Londres, porque he oído hablar de los jóvenes príncipes encerrados allí que desaparecieron, asesinados quizá, como si fueran víctimas de El Asad. También me gustaría ir a Nueva York a ver el Empire State Building, y a San Petersburgo a ver el Palacio de Invierno donde los Romanov vivían y celebraban sus grandes bailes.

Son cosas que ya no me parecen imposibles. Acabo de ir a mi primera excursión escolar. Hemos pasados dos noches en un albergue juvenil en un parque llamado Panarbora, a una hora en coche de Colonia, un lugar rodeado de bosques y naturaleza hasta donde alcanza la vista. Ha llovido, claro, así que estaba todo empapado.

De día los profesores nos sacaban al campo y nos decían los nombres de las plantas, los árboles y los pájaros. También nos llevaron hasta lo alto de una gran torre de observación que se alza por encima de las copas de los árboles, aunque solo vimos niebla.

En el albergue jugábamos a juegos como el desafío: cuando me tocó a mí, dije que diría el nombre de diez capitales en un minuto y medio mientras bebía chocolate caliente. Una de mis compañeras de clase, que es muy lenta haciendo cosas, dijo que dibujaría a uno de nosotros y que al final tendríamos que adivinar quién era. ¡Y resultó que era yo!

Luego jugamos a lluvia de cumplidos: nos colocamos formando un semicírculo y nos fuimos turnando para ponernos delante de los demás y todo el mundo tenía que escribir en una tarjeta lo que le gustaba de esa persona. En mi caso, dijeron que hablaba bien alemán, que era un genio aprendiendo idiomas, que tenía una sonrisa bonita y que era divertida y encantadora.

Siempre he querido tener recuerdos así de una excursión escolar. Han llegado tarde, pero mejor tarde que nunca. Compartí habitación con otras tres chicas de mi clase. Solo una de ellas podía caminar. Pero empecé a darme cuenta de que eso no importaba. Ha sido la primera vez que he dormido en un sitio sin que nadie me cuidara, y me ha sentado muy bien, aunque la primera noche estuve a punto de llorar porque hicimos una fogata y nos dieron unos panecillos alemanes pinchados en palos para que los tostáramos, pero yo no sabía cómo hacerlo y acabé quemándolos. Odio sentirme tonta o extranjera y, claro, cuando se pusieron a cantar no me sabía ninguna canción alemana.

Cuando el autobús me dejó en Wesseling, mi familia me preguntó si no los había echado de menos. Me di cuenta de que no, porque había estado muy entretenida con todas aquellas novedades. Lo más triste de todo fue el final de la excursión, cuando los profesores dijeron que teníamos que volver a casa. «¿A qué casa?», me dije yo. No tengo forma de volver a mi país.

Nunca me olvido de Siria, claro. Ahora tenemos tele y un iPad que nos regaló un grupo de fans de *Days of our lives*, y todos los días vemos lo que ocurre en mi país en las noticias o por Facebook. Un día, alguien colgó un vídeo en el que se veía nuestra calle de Alepo. Estaba todo en ruinas, como Dresde después de los bombardeos. El único edificio que seguía en pie era el nuestro, como cuando volvieron mis padres. A veces, mientras veo los bombardeos y a toda esa gente inocente que sigue huyendo del país, tengo la sensación de que la guerra está sucediendo en un lugar muy lejano que nada tiene que ver conmigo.

Aunque parezca imposible, las cosas allí se han complicado todavía más. Poco después de que llegáramos a Alemania, los rusos —que habían apoyado a El Asad desde el principio— se implicaron más aún en la guerra, enviaron aviones y comenzaron una campaña de ataques aéreos. A veces, hasta sesenta al día. Decían que su objetivo era el Daesh, pero parecían atacar principalmente a los insurgentes, y también los hospitales. Recuperaron Homs —que ahora parece una ciudad fantasma— para El Asad, expulsaron al Daesh de la ciudad histórica de Palmira, y luego mandaron a una orquesta sinfónica a tocar un extraño concierto triunfal entre las ruinas. Ahora la ciudad se encuentra bajo control ruso.

El Asad ha lanzado un asalto masivo sobre Alepo para recuperar la ciudad aunque para ello tenga que arrasarla, y ha cortado todas las carreteras de entrada y de salida. Pero eso no es todo. Lanzó tantas bombas de barril sobre Daraya, cerca de Damasco, al día siguiente de que llegara el primer convoy de ayuda humanitaria de Naciones Unidas y la Cruz Roja en más de tres años, que un funcionario de la ONU describió recientemente la ciudad como «la capital siria de las bombas de barril».

«Hay algo fundamentalmente aberrante en un mundo en el que los ataques sobre hospitales y escuelas […] se han hecho tan comunes que ya no suscitan reacción alguna», declaró Stephen O'Brien, subsecretario general de Naciones Unidas para Asuntos Humanitarios. O'Brien le dijo al Consejo de Seguridad: «No alcanzaremos el éxito hasta que estos asedios medievales dejen de existir, cuando no haya niños que corran el riesgo de morir a manos de un francotirador cuando llevan medicinas a sus madres, cuando los médicos puedan administrar tratamientos que salvan vidas sin temor a ataques inminentes, cuando las jóvenes yazidíes no tengan que desfigurarse la cara por miedo a que las vendan como esclavas sexuales. Esa es la pavorosa realidad de la Siria actual».

Sin embargo, los políticos occidentales han empezado a adoptar respecto a El Asad la actitud del «más vale lo malo conocido que lo bueno por conocer», y parece que el mundo entero ha aceptado su régimen a pesar de lo mucho que se ha hablado de su barbarie y de las muchas «líneas rojas» que había cruzado. A Occidente solo parece preocuparle el Daesh porque ha atraído a numerosos jóvenes occidentales para que combatan en Oriente Medio y luego regresen a sus países y lancen ataques sobre ciudades europeas como París y Bruselas. Siguen bombardeándolos en Irak y Siria, y dicen que el Daesh ha perdido mucho terreno, que han muerto gran parte de sus cabecillas y que se avecina el final de su califato.

En cuanto a Manbij, sabemos que, tras dos años de dominio yihadista, el YPG kurdo prácticamente ha recuperado el control de la ciudad gracias al apoyo de los *sheijs* árabes locales y a los ataques aéreos de Estados Unidos. Por desgracia, hemos oído que en algunos de esos ataques han muerto decenas de civiles, incluidos niños. Cerca de cuarenta y cinco mil personas han huido ya de la ciudad, pero miles de civiles siguen atrapados en ella sin alimentos. Manbij es una parada clave para el Daesh en la ruta hacia su capital, Raqqa, de modo que perderla por completo supondría un durísimo golpe para los yihadistas. El YPG, por cierto, ayudado por los Estados Unidos, es el principal responsable del retroceso del Daesh en el norte de Siria, lo que nos hace confiar en que conseguiremos nuestro Kurdistán. A la gente le preocupa, sin embargo, que el presidente Erdogan envíe a la aviación turca a atacar objetivos fronterizos. «Manbij no pertenece a los kurdos. Es un lugar donde viven árabes», ha manifestado. «Si es necesario, tomaremos cartas en el asunto».

Todos los días hablamos por Skype con mis padres, que siguen en Gaziantep. *Yaba* está triste. «Creo que mi país está perdido», dice. «Hay combates en todas partes. He dejado mis tierras, y mis hijos no rezan». Siempre se queja de que no rezamos, aunque no es cierto. Yo soy más religiosa de lo que parezco, y me educaron en un país en el que la observancia religiosa es muy estricta. Todas mis hermanas respetan el ayuno del Ramadán. Pero hay una cosa que no le he dicho a mi padre: que en mi colegio a veces nos llevan a la iglesia. A mí me gusta la música, es maravillosa, pero no canto con los demás por si acaso, sin darme cuenta, canto un versículo de la Biblia. En el Islam todo tiene consecuencias. Ir a misa durante el Ramadán, ¡qué ironía!

Me estoy adaptando al colegio, ya hablo alemán y hasta he hecho amigos con los que a veces sueño, en vez soñar con los bombardeos. Pero los profesores se quejan de que no me relaciono lo suficiente.

El colegio me ha conseguido una nueva silla de ruedas que es azul, mi color favorito, y menos ancha que la anterior, en la que me hundía. Pero lo principal es que es mucho más ligera y que puedo manejarla yo sola, incluso para subir y bajar bordillos, y hasta he empezado a jugar al baloncesto en silla de ruedas.

Nasrine va a clases de alemán todos los días, así que puede que pronto pierda mi puesto como traductora oficial de la familia. Ya no me importa tanto, porque creo que quizá pueda servir para otras cosas.

Ahora que tenemos tele en casa, nos reunimos todos para ver el fútbol como en los viejos tiempos, y hasta pedimos mi *pizza* favorita. Si juega el Barcelona y pierde, sobre todo con el Real Madrid, le grito a Nasrine: «¡Vete! ¡No quiero hablar contigo!». A ella le molesta, pero yo me alegro de ser, a pesar de todo, una adolescente normal que puede ponerse a gritar si pierde su equipo. Es señal de que no han aniquilado mi espíritu. Durante la Eurocopa animamos a Alemania, nuestro nuevo país, y nos dio mucha pena que perdiera en semifinales.

Un día fuimos al zoo de Colonia y vimos un montón de animales que yo solo había visto en documentales, como flamencos rosas, jirafas sin cuerdas vocales y pirañas que pueden arrancarle la carne a una persona en noventa segundos. Un pájaro con una especie de faldón de plumas de colores vino a mirar mi silla de ruedas como si los dos fuéramos bichos raros. Estando allí conocimos a algunos kurdos: ¡los kurdos siempre nos reconocemos entre nosotros!

Ahora que ya estamos instaladas, tengo una lista muy larga de personajes a los que quiero buscar en Internet para saber más cosas sobre su vida (Margaret Thatcher, Steve Jobs, Bill Gates, y también Einstein: ¿era un loco o un genio?). También me gustaría ir a los Alpes austriacos y ver el castillo donde hay un retrato de la verdadera Bestia de *La Bella y la Bestia*, mi cuento preferido desde que era niña. Una vez, en Alepo, vi un documental titulado *The Real Beauty and the Beast* sobre un hombre llamado Petrus Gonsalvus que nació en Tenerife en el siglo XVI y estaba cubierto de pelo de los pies a la cabeza, como un lobo. Sufría de una enfermedad rara llamada hipertricosis que solo afecta a los hombres y de la que actualmente solo se conocen cincuenta casos en el mundo. A Petrus se lo llevaron de niño de su hogar para regalárselo al rey Enrique II de Francia, y la reina Catalina de Médici lo casó con una mujer muy bella que desconocía el aspecto de su futuro marido. Pero la dama siguió con él y tuvieron siete hijos, así que debía de amar su belleza interior. Los llevaron de gira por las cortes europeas como si fueran curiosidades y les hicieron retratos. Pero cuando tuvieron hijos, los que heredaron la enfermedad les fueron arrebatados para ser regalados como mascotas a diversos nobles europeos.

Hablando de curiosidades, en junio de 2016 fui invitada junto a un grupo de refugiados a ir a Berlín a conocer a una señora llamada Samantha Power, la embajadora estadounidense ante las Naciones Unidas. Fui en tren con Nasrine y las dos nos reímos de lo normal que se había vuelto para nosotras montar en tren. Me hacía mucha ilusión ver esta ciudad famosa que estuvo dividida por un muro hasta el año en que nació Nasrine, y en la que se suicidaron Hitler y Eva Braun.

Éramos unos doce refugiados y todos contamos nuestra historia. Eran todas estremecedoras, y yo deseé no tener que escucharlas. Pero mis compañeros también mostraron cómo trataban de contribuir positivamente a la vida en su país de adopción.

Había un médico llamado Hamber que había sido preso político en Damasco y ahora intentaba conseguir la acreditación para ejercer la medicina en Alemania. Entre tanto, trabajaba voluntariamente como intérprete para los refugiados que tenían que someterse a exámenes médicos en Berlín.

Había también un joven llamado Bourak, de Alepo, como nosotras. Había ido a la misma universidad que Nasrine. Estudiaba ingeniería informática y, como le pasó a mi hermana, sus estudios quedaron truncados por la guerra. Ahora está aprendiendo alemán y ansía volver a la universidad, y ha diseñado una aplicación llamada BureauCrazy para ayudar a los solicitantes de asilo con los trámites burocráticos y poner a su disposición los impresos en distintos idiomas.

Los embajadores no disponen de mucho tiempo, así que no podíamos hablar mucho rato. Cuando llegó mi turno, le dije a la embajadora: «Somos gente que está dispuesta a jugarse la vida todos los días por la oportunidad de lavarse los dientes por la mañana e ir a la escuela». También le dije: «Todo el mundo quiere hablar conmigo porque sonrío. ¿Tan raro es encontrar a una refugiada que sonría? ¿Soy como una extraterrestre?».

A Bland, a Nasrine y a Nahda les concedieron el asilo después de ir a un juzgado de Düsseldorf y contestar a unas preguntas, y ya tienen el permiso de residencia. Yo en cambio sigo esperando, quizá porque soy menor de edad.

En mi caso, en vez de ir al juzgado, hice una entrevista con mi tutora legal alemana. Me preguntó por el viaje y por los motivos por los que había abandonado Siria, si había visto cosas horribles y si tenía pruebas de las dificultades que estaba atravesando mi país. Después, Nasrine y yo nos reímos de aquello: ¿es que no veía las noticias?

Nahda ha pedido la reagrupación familiar y confía en que su marido, Mustafa, pueda reunirse con ella y con las niñas. Ha pasado casi un año desde que se despidieron en aquella playa de Turquía. Nahra se ha establecido cerca de Hamburgo con su marido y está esperando el asilo, y confiamos en verla a menudo. Solo Jamila sigue en Siria, en Kobane, porque su marido no quiere marcharse. Ahora tienen electricidad y el Daesh se ha marchado, pero la vida es muy dura y sus hijos siguen sin poder ir al colegio.

Sé que somos afortunadas. Mi prima Evelin, que cruzó Europa en el mismo grupo que Nahda, sigue aún en un centro para refugiados instalado en una cancha de baloncesto. Dice que le roban constantemente las cosas (el teléfono y hasta la ropa cuando la tiende), y que todas las mañanas desayuna lo mismo: tres trozos de pan, mantequilla y mermelada. Tienen que hacer cola durante horas para conseguir dinero de bolsillo.

También sabemos por amigos de Berlín que a muchos refugiados les da miedo salir a la calle debido al clima de hostilidad. Algunos quieren regresar a Turquía o a Siria, pero ahora es imposible. Mi hermano Mustafa y su esposa, Dozgeen, solicitaron ir a Estados Unidos a través de la oficina de ACNUR en Turquía hace ya un año, pero siguen esperando que los convoquen a una entrevista.

Ya nadie hace el viaje como lo hicimos nosotras. Alemania cambió de idea respecto a la entrada de refugiados tras las agresiones de Colonia, y en marzo la Unión Europea firmó un acuerdo con Turquía por el que se comprometió a pagar al estado turco seis mil millones de euros a cambio de que cerrara sus fronteras y sus aguas territoriales y detuviera el flujo de inmigrantes. Mustafa dice que ahora en Yarabulus hay por todas partes alambre de concertina y tanques del ejército turco. Muchísima gente quedó atrapada en Grecia cuando se cerraron las fronteras. Más de cincuenta mil personas siguen allí, entre ellas las que se encontraban en los campos de Lesbos y algunos de nuestros primos, que estaban en Idomeni y que trataban de entrar en Macedonia cuando Europa cerró sus puertas.

Ahora, los que quieren abandonar Siria solo tienen dos salidas: o ir a Líbano, que se halla al límite de su capacidad porque uno de cada cinco habitantes es ciudadano sirio; o ir a Jordania, un país con una población de seis millones y medio de personas que ha acogido a un millón trescientos mil refugiados sirios y que recientemente cerró los pasos fronterizos dejando a miles de personas abandonadas en el desierto, junto a la frontera.

Nuestro viaje parece ahora muy lejano. Aunque surgió de la tragedia, yo lo recuerdo como la mayor aventura de mi vida: una historia que contarles a mis nietos.

Hace poco vinieron a visitarnos unos seguidores de *Days of our lives* que se habían enterado de mi historia. Nos trajeron de regalo unos auriculares azules y el iPad, y nos llevaron a Nasrine y a mí a una excursión en barco por el Rin. Me llevé una sorpresa al ver que Nasrine estaba llorando. Me dijo que se estaba acordando de nuestra travesía hasta Grecia. «Para ti estuvo bien, la responsabilidad no era tuya», me dijo.

La partícula más pequeña del universo es el cuark, y así es como me siento yo en medio de esta enorme masa de migrantes. Unos cinco millones de sirios han abandonado su país desde que empezó la guerra en 2011, y un millón cien mil han hecho el viaje como nosotras, cruzando Europa. En torno a cuatrocientos treinta mil vinieron a Alemania. Una cuarta parte del total son niños como yo, menores de diecisiete años.

No tenemos muchas alternativas. La guerra ha causado ya doscientas cincuenta mil víctimas mortales y hay gente que lleva tanto tiempo sometida a asedio que hace dos años que no ve la luna. En Alemania nos llaman *Flüchtlinge*. Nasrine dice que suena a nombre de pájaro, pero yo odio esa palabra, igual que odio «refugiado» y «migrante». Son muy amargas.

Hace poco juzgaron a Frank S., el hombre que intentó matar a *frau* Reker, la alcaldesa de Colonia. Se quejó de que Alemania se encaminaba a la «autodestrucción» por aceptar a tantos refugiados. «Lo vi como una oportunidad de cambiar algo», le dijo al tribunal. Hasta le dijo a un agente de policía después de su detención que también quería matar a la señora Merkel. Fue condenado por intento de asesinato y sentenciado a catorce años de prisión. «Quería mandar un mensaje al gobierno federal respecto a la política de asilo», declaró la juez Barbara Havliza al dar su veredicto. «Buscaba crear un clima de temor e influir en las medidas del gobierno».

Luego, la tercera semana de julio, cuando ya había acabado el colegio y en todas partes había ambiente de vacaciones, Alemania vivió de pronto siete días de terror. Empezó un lunes, cuando un refugiado afgano de diecisiete años del que primero se dijo que era afgano y luego pakistaní sacó un hacha en un tren, en Wurzburgo, e hirió a cuatro pasajeros y a una mujer que estaba paseando a su perro antes de ser abatido por la policía.

Cuatro días más tarde, en un centro comercial de Múnich, un chico de dieciocho años germano-iraní atrajo a varios adolescentes a un McDonald's prometiéndoles comida gratis y empezó a disparar, matando a nueve personas. Dos días después hubo otros dos ataques en Baviera. Un sirio de veintiún años mató con un machete a una mujer polaca, y otro hizo estallar una bomba que llevaba en una mochila a la entrada de un festival de música, matándose e hiriendo a quince personas.

Tres de los cuatro atacantes eran refugiados, dos de ellos sirios. Así que otra vez estamos en el punto de mira de todo el mundo. Un político holandés llegó a decir que la UE debía denegar la entrada a todos los musulmanes. «Hemos importado un monstruo y ese monstruo se llama Islam», afirmó.

Declaraciones como esa nos hacen estremecernos. La verdad es que esos terroristas ignoran por completo el espíritu del Islam. Pero, como es lógico, los atentados están haciendo que la gente desconfíe de nosotros. En ciertos aspectos, me alegro de que hayan cerrado las puertas y de que ya no lleguen más refugiados.

Nos preocupa hasta qué punto puede resistir la canciller Merkel. Hasta ahora ha plantado cara a todos los que quieren librarse de nosotros, pero esos atentados están afectando a ciudadanos alemanes y, a diferencia de lo que ocurre en nuestra región del mundo, a los políticos de países como Alemania les gusta escuchar a la gente. Nadie va a querernos aquí si dañamos el país.

¡Pobres europeos! Están viviendo lo que vivimos nosotros. Sentirse inseguro no es bueno. Nosotras seguimos sobresaltándonos cuando oímos un ruido fuerte o un grito. No quiero que eso pase también en mi nuevo país.

La señora del piso de arriba sigue sin dirigirnos la palabra, pero hemos descubierto que no se debe únicamente a que seamos refugiadas. Resulta que el antiguo propietario de la casa tenía dos hijas y les dejó la mitad de la casa a cada una cuando murió. Una de ellas es la señora de arriba, que quiere comprar el piso de abajo y quedarse con todo el edificio, pero el marido de su hermana se niega y por eso nos la ha alquilado a nosotras.

Así son las cosas tal y como yo las veo. Sí, sé que somos muy costosos. Acoger a los migrantes les costó a los contribuyentes alemanes más de veintitrés mil millones de euros en 2015, según el Instituto de Investigación Económica de Múnich. Pero si se nos da una oportunidad, nosotros también podemos contribuir. Si Europa no quiere dejar entrar a los refugiados por razones humanitarias, ¿qué hay de los beneficios que aportamos a la economía? Hay que ser muy resistente y tener muchos recursos para llegar hasta aquí sorteando a toda esa gente que pretende robarte y estafarte o cortarte el paso. La mayoría de los que hemos huido somos personas con formación o capacidades concretas que podemos aportar a la sociedad. (Ya sé que yo no fui al colegio, pero hablo inglés de telenovela).

Alemania, por ejemplo, tiene la tasa de natalidad más baja del mundo y su población lleva años disminuyendo. En el año 2060 habrá disminuido de ochenta y un millones a sesenta y siete. Para mantener en marcha su industria y seguir siendo la mayor economía de Europa necesita mano de obra extranjera. Ya ha dado asilo a doscientos cuarenta mil sirios, entre ellos mi hermano y mis hermanas, aunque a mí todavía no. En cuanto a la Unión Europea, tiene quinientos millones de habitantes, así que, como ya he dicho anteriormente, aunque acoja al millón y pico de refugiados sirios que han llegado a Europa, esa cifra solo representa un 0,2 por ciento de su población: un porcentaje muy inferior al que aceptaron algunos países tras la Segunda Guerra Mundial, que siempre sirve de referente en estos casos. Algunos países han aceptado cifras de refugiados insignificantes. El Reino Unido solo ha acogido a 5 465, una cuarta parte de los que acogió el año pasado el municipio alemán de Colonia. Supongo que la población del Reino Unido sigue creciendo, no como la alemana. El primer ministro David Cameron prometió aceptar a veinte mil refugiados hasta 2020, pero ha tenido que dimitir tras perder un referéndum en el que la mayoría de la gente votó a favor de abandonar la Unión Europea, en parte porque querían que dejaran de llegar inmigrantes.

Cuando los europeos lleguen a conocernos, verán que no somos tan distintos. Como decía más arriba, si no tenemos una foto de familia es porque jamás imaginamos que pudiéramos vernos en esta situación.

Yo quería ir al espacio y encontrar un extraterrestre, y aquí a veces me siento como si yo misma fuera una alienígena.

Echo de menos ver la tele en aquel quinto piso de Alepo. Ahora tengo una vida de verdad, pero a veces trato de olvidarme de esa vida poniéndome los cascos, encendiendo la tele y recordando los viejos tiempos. Tengo la sensación de que la Nujeen de antes está desapareciendo y de que está surgiendo una nueva. Echo de menos mi país, incluso a los gatos y los perros de Manbij, y añoro que las puertas de las casas estén siempre abiertas. Echo de menos el sonido del *adhan*, la llamada a la oración que solíamos oír desde nuestro balcón. Tengo entendido que algunos refugiados tienen una aplicación para oírla en el móvil. Me siento culpable por haber abandonado mi patria.

Pero sobre todo echo de menos a *ayee* y *yaba* y a mi hermana Jamila, y tengo miedo de no volver a ver a mis padres porque ya son mayores. Me preocupa que estén solos.

No echo de menos Siria cuando pienso en lo dura que era mi vida allí. Cuando me acuerdo de lo asustada que estaba, del peligro que corríamos, le doy gracias a Dios por estar aquí. Solo Dios sabe cuándo acabará esta guerra, pero en todo caso la Siria que conocimos no volverá a existir. Ansío que llegue el momento en que volveré a ver la muerte como algo anormal. Puede que algún día consigamos nuestro Kurdistán, nuestra Rojava. Justo ahora estaba viendo un vídeo en YouTube titulado *Diez países que podrían existir en el futuro*, ¿y sabes cuál era el primero? ¡Kurdistán!

Y me pregunto si, en caso de que consiga volver a Siria alguna vez, nos reconoceremos mutuamente. Yo he cambiado, y mi país también.

Venir a Alemania era mi sueño. Quizá no llegue a ser astronauta. Quizá nunca pueda caminar. Pero esta sociedad tiene montones de cosas buenas y a mí me gustaría mezclarlas con las cosas buenas de mi cultura y hacer un «cóctel Nujeen».

Ahora voy al colegio muy orgullosa con mi camiseta amarilla nueva que dice *A las chicas les encantan los unicornios* y con el collar de plata que me regaló una estrella de la tele. Y puedo soñar.

Ahora que has leído mi historia, espero que comprendas que no soy solamente un número. Ninguno de nosotros lo es.

APÉNDICE
Mi viaje

Distancia total: 5 782 kilómetros.
Coste total del viaje: 5 045 euros (mi hermana y yo)

Siria
2012
27 de julio   De Alepo a Manbij
                          90 kilómetros en minibús

2014
Agosto   De Manbij a Yarabulus
                          38 kilómetros en el coche
                          del tío Ahmed
                          50 dólares (46 euros) por
                          cruzar la frontera

El mismo día   De Yarabulus a Gaziantep
                          (Turquía)
                          170 kilómetros en el coche
                          del tío Ahmed

UN AÑO DESPUÉS

Turquía
2015
22 de agosto

De Gaziantep a Esmirna
1 112 kilómetros en avión:
300 euros cada una

Del aeropuerto de Esmirna
a la plaza Basmane
29 kilómetros en taxi: 15
euros

1 de septiembre

De Esmirna a Behram
251 kilómetros en autobús y
taxi: 100 euros

2 de septiembre

De Behram a Skala Sikami-
nias, Lesbos (Grecia)
12 kilómetros en barca: 1 500
dólares por persona (1 330
euros), más otros 50 euros
por cada chaleco salvavidas

Grecia
3 de septiembre

De Skala Sikaminias a Mitilene
42 kilómetros en el coche
de una voluntaria

9 de septiembre

De Mitilene a Atenas
Taxi desde el campo de
Pipka al ferry: 10 euros

420 kilómetros en ferry: 60
euros cada una

14 de septiembre

De Atenas a Tesalónica
503 kilómetros en tren: 42
euros cada una

De Tesalónica a Evzoni
89 kilómetros en taxi: 100 euros

15 de septiembre

De Evzoni a Gevgelija
(Macedonia)
2 kilómetros a pie

Macedonia
15 de septiembre

De Gevgelija a Lojane
201 kilómetros en taxi: 200
euros

De Lojane a Miratovac (Serbia)
3 kilómetros a pie (o en silla
de ruedas)

Serbia
15 de septiembre

De Miratovac a Belgrado
391 kilómetros en autobús:
35 euros cada una

De Belgrado a Horgos
199 kilómetros en taxi: 210
euros

16 de septiembre	De Horgos a Röszke 12 kilómetros en autobús: 5 euros cada una
	De Röszke a Apatin 125 kilómetros en taxi: unos 125 euros

Croacia

16 de septiembre	De Apatin a Croacia a campo través y luego en furgón policial hasta un pueblecito (nombre desconocido)
	Del pueblecito a Zagreb 336 kilómetros en autobús
17 de septiembre	De Zagreb a la carretera de Zumberacki y de la carretera de Zumbe- racki a Slovenska Vas (Eslovenia) 1 kilómetro a pie

Eslovenia

17 de septiembre de 2015	De Slovenska Vas a Perisce 4 kilómetros en furgón policial
18 de septiembre	De Perisce a Postojna 160 kilómetros en autobús

20 de septiembre

De Postojna a Logatec
27 kilómetros en autobús

De Logatec a Maribor
159 kilómetros en tren

De Maribor a Spielfeld
(Austria)
22 kilómetros en taxi:
5 euros

Austria
20 de septiembre, de madrugada

De Spielfeld a Graz
50 kilómetros en autobús

21 de septiembre

De Graz a Salzburgo
278 kilómetros en tren: 60
euros cada una

De Salzburgo al puente del
Saalach
8 kilómetros en autobús de
la policía

Del puente del Saalach a
Rosenheim (Alemania)
80 kilómetros en autobús

Alemania
22 de septiembre

De Rosenheim a Neumarkt
220 kilómetros en autobús

De Neumarkt a Núremberg
43 kilómetros en taxi: 50
euros

De Núremberg a Colonia
430 kilómetros en tren: 115
euros cada una

23 de septiembre　　De Colonia a Dortmund
(centro de refugiados)
95 kilómetros en tren: 45
euros cada una

24 de septiembre　　De Dortmund a Essen
48 kilómetros en autobús

15 de octubre　　De Essen a Wesseling
84 kilómetros en minibús

AGRADECIMIENTOS

Gracias a mi familia por haber acogido en su seno a esta hija inesperada y demostrar siempre tanta paciencia conmigo.

Doy gracias a Dios por darme todo lo que tengo y rezo para que la historia de mi vida tenga un final feliz.

Este último año ha sido un aventura que jamás hubiera podido imaginar en nuestro apartamento del quinto piso, en Alepo. He pasado de ser la chica que nunca salía de su cuarto y que solo veía el mundo a través de la tele, a cruzar un continente entero empleando todo tipo de transportes: ¡lo único que me queda por probar es un funicular, un submarino y una nave espacial, claro!

Solo soy una más de entre millones de refugiados, muchos de los cuales son menores como yo, y mi viaje fue más fácil que el de muchos. Pero no habría sido posible sin todas esas buenas personas que nos ayudaron por el camino, desde las señoras mayores y los pescadores de la playa de Lesbos a los voluntarios y cooperantes que nos daban agua y ayudaban a empujar mi silla de ruedas.

Nunca podré expresar del todo la gratitud que siento hacia la señora Merkel y hacia Alemania por haberme dado un hogar y, por primera vez, un colegio. En él me han ayudado enormemente mis profesores Ingo Schrot, Andrea Becker y Stefanie Vree, y mi fisioterapeuta, Bogena Schmilewski. Gracias también a mi tutora alemana, Ulrike Mehren, por servirme de guía.

Y a los guionistas de *Days of our lives*, que no tenían ni idea de que estaban educando a una niña de Alepo. Y gracias en especial a Melissa Salmons, la guionista que escribía los papeles de EJ y Sami, y a los maravillosos seguidores de la serie por su bondad, sobre todo a Giselle Rheindorf Hale.

Le estoy sumamente agradecida a Christina por poner mi historia por escrito, y a su marido y su hijo, Paulo y Lourenço, por su apoyo, aunque les guste Cristiano Ronaldo. (Por cierto, felicidades a Portugal por ganar la Eurocopa. ¡Lástima que no la ganara España!).

Gracias a Fergal Keane por presentarnos. Christina desea dar las gracias a toda la gente que la ayudó a informar sobre la crisis de los refugiados, y en particular a Babar Baloch, de ACNUR, a Alison Criado-Perez de MSF y a la familia Catrambone. Gracias también a Hassan Kadoni de parte de las dos. Y a nuestro agente, David Godwin, y a la fabulosa editora Arabella Pike y a su equipo, Joe Zigmond y Essie Cousins, al fantástico corrector Peter James, al diseñador Julian Humphries, y a Matt Clacher y Laura Brooke por hacer tantas cosas para respaldar el libro.

Gracias, por encima de todo, a mi hermana Nasrine por empujar mi silla por media Europa y por aguantar mis charlas, aunque no siempre me hiciera caso.